中国民间文献遗产研究

秦 越 著

河北科学技术出版社

·石家庄·

图书在版编目（CIP）数据

中国民间文献遗产研究/秦越著. -- 石家庄：河北科学技术出版社，2023.8
ISBN 978-7-5717-1617-2

Ⅰ.①中… Ⅱ.①秦… Ⅲ.①文献保护－研究－中国 Ⅳ.① G253.6

中国国家版本馆 CIP 数据核字 (2023) 第 102198 号

中国民间文献遗产研究
ZHONGGUO MINJIAN WENXIAN YICHAN YANJIU

秦越　著

责任编辑	焦聪聪
责任校对	刘建鑫
美术编辑	张　帆
封面设计	优盛文化
出版发行	河北科学技术出版社
地　　址	石家庄市友谊北大街 330 号（邮编：050061）
印　　刷	河北万卷印刷有限公司
开　　本	710mm×1000mm　1/16
印　　张	12
字　　数	205 千字
版　　次	2023 年 8 月第 1 版
印　　次	2024 年 1 月第 1 次印刷
书　　号	ISBN 978-7-5717-1617-2
定　　价	59.00 元

内 容 简 介

本书是专门研究民间文献遗产保护与管理的学术著作，由绪论、普适性保护理论的概述、民间文献遗产的分类与分析、民间文献遗产的社会价值、民间文献遗产的差异化保护需求、濒危民间文献整理与抢救、民间文献遗产信息化管理等部分构成。全书主要阐述中国民间文献遗产保护的基础理论，分析当前民间文献遗产整理、抢救、保护的具体方法，论述当代民间文献遗产管理的可行性办法，对从事文献资料管理专业的研究学者与工作人员具有参考和借鉴价值。

前言

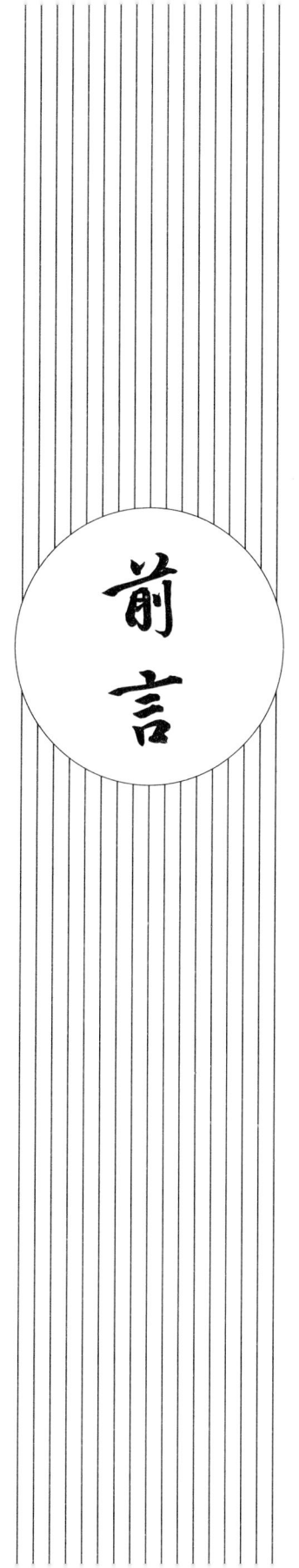

"民间文献遗产",是指正史之外的对历史的叙述,是传统文化的重要组成部分,更是文化遗产的重要组成部分。

经济社会的发展要有精神动力作为支撑,先进文化恰恰能为经济发展和社会进步提供精神动力。所以发掘、整理、传承、弘扬、保护文化遗产是重中之重,民间文献遗产的保护也越来越引起人们的重视。

本书共七章,具体内容如下:

第一章为绪论,主要针对时代大背景、国内外研究现状和成果、相关的核心概念进行深入阐述,以及对国内外学者已经取得的研究成果进行整理与分析,明确本书创作的理论基础和可供参考的研究观点,为最终取得理想的研究成果提供理论支撑。

第二章为相关理论分析,是针对本书创作所用理论的深度解读,明确了相关理论的具体内容、阐述的核心观点、在中国民间文献遗产保护中发挥的作用,进一步夯实本书创作的理论基础。

第三章和第四章为有效分类保护以及社会价值体现部分,目的是明确中国民间文献遗产发掘、整理、实施精准保护的策略,确保中国民间文献遗产的社会价值达到最大化。

第五章、第六章和第七章针对民间文献遗产保护策略的实践应用进行深入探索,力求中国民间文献遗产能够伴随时代的发展得到有效的传承与弘扬,为中国特色社会主义现代化国家建设之路增强文化软实力提供保障。

本书针对中国民间文献遗产的发掘、整理、传承、弘扬、保护进行系统研究,希望能够为广大民间文献遗产管理人员与学者带来一定的启示。笔者水平有限,书中难免有不足之处,请广大读者提出宝贵意见。

目录

第一章 绪论 / 001

第一节 中国民间文献遗产保护的时代背景研究 / 003

第二节 国内外研究现状与成果综述 / 006

第三节 核心概念的界定 / 014

第二章 普适性保护理论概述 / 025

第一节 普适性保护理论的内容 / 027

第二节 普适性保护理论的核心观点 / 033

第三节 普适性保护理论在民间文献遗产保护中的作用 / 038

第三章 民间文献遗产的分类与分析 / 041

第一节 民间文献遗产的分类原则与标准 / 043

第二节 民间文献遗产的类别列举 / 047

第三节 不同类别民间文献遗产对乡村社会的影响 / 056

第四章 民间文献遗产的社会价值 / 061

第一节 民间文献遗产在历史文化层面的社会价值 / 063

第二节 民间文献遗产在社会文化发展层面的社会价值 / 068

第三节　民间文献遗产在艺术审美层面的社会价值　/　074

第五章　民间文献遗产的差异化保护需求　/　081

第一节　结合民间文献遗产分类分析其特征影响因素　/　083
第二节　立足差异性特征明确精准保护的切实需要　/　090
第三节　建立民间文献遗产动态化保护思路　/　096

第六章　濒危民间文献遗产整理与抢救　/　107

第一节　濒危民间文献遗产整理与抢救的原则　/　109
第二节　濒危民间文献遗产整理与抢救的重要支点　/　115
第三节　濒危民间文献遗产整理与抢救措施的更新　/　126

第七章　民间文献遗产信息化管理　/　143

第一节　民间文献遗产信息化管理的特点分析　/　145
第二节　民间文献遗产信息化管理的方案构建　/　158
第三节　民间文献遗产信息化管理的实施路径　/　170

附录　/　177

附录一：民间文献遗产研究过程阶段性评价量表　/　177
附录二：民间文献遗产研究过程与成果社会评价量表　/　178

参考文献　/　179

第一章 绪论

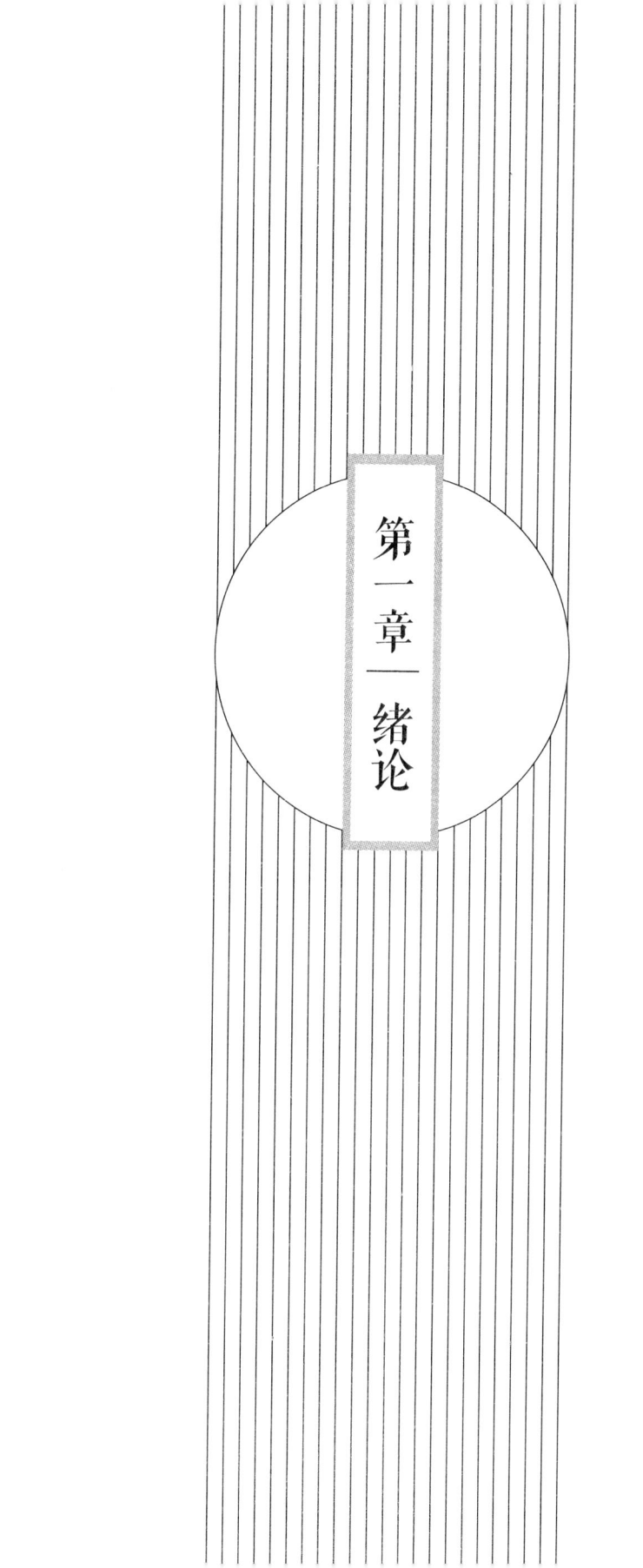

从意义、价值、影响三个层面而言，中国民间文献遗产的保护意义在于能够推动新时代中国特色社会主义建设与发展，价值主要表现于能够为我国的"文化强国"之路增砖添瓦，影响主要体现在能够促进我国优秀传统文化的传承与弘扬。对此，众多学者及相关工作人员不断进行深入研究与探索。本章以此为立足点，针对中国民间文献遗产研究的时代大背景，以及国内外学者研究的现状、成果和核心概念进行深入的探索，为本书的创作奠定坚实的理论基础。

第一节 中国民间文献遗产保护的时代背景研究

一、新时代中国特色社会主义先进文化发展的需要

（一）优秀传统文化是新时代中国特色社会主义文化先进性的基础所在

中华优秀传统文化汇聚着中华儿女从古至今的智慧与情怀，无数的优秀传统文化思想不仅在当时的历史背景之下具有极强的先进性，而且在当今社会发展进程中也发挥着教育人、启发人、引导人的作用。中国共产党将"全心全意为人民服务"作为根本宗旨，是与中华优秀传统文化所传递的家国情怀高度一致的。为此，在新时代中国特色社会主义事业发展道路中，先进文化的发展自然要有坚实的优秀传统文化基础和底蕴作为支撑。民间文献遗产作为我国民间文化对民族历史的客观解读，具有较强的文化价值、历史价值、研究价值，全面开展文献遗产保护工作的研究与探索，必然能够为新时代中国特色社会主义文化先进性的进一步增强提供强有力的保证。

（二）民间文献遗产在我国优秀传统文化中具有极强的代表性

民间文献遗产不仅记录了我国民间历史的发展，展现了中华民族的智慧，更真实地表露出中华儿女内心深处的声音。例如，在现有的文献遗产中，《中国传统音乐录音档案》记录了各民族和宗教具有代表性的音乐录音，音乐的节奏和声音的旋律表达出各族儿女在日常生活和生产劳动过程中最真实的心理状态和期盼，为当今社会揭示不同历史背景下基层劳动人民的悲欢喜乐，为研究历史发展大环境、判断历史发展轨迹、传承与弘扬我国优秀传统文化提供了真实史料。

二、"文化强国"之路重要的支撑条件

（一）历史文化底蕴是文化强国之路的重要因素

中华民族是拥有五千多年文明史的优秀民族，诸多来自民间的文化遗产支撑着中华民族从古代走到今天，更推动着中华民族伟大复兴的中国梦的实现，促使中华民族最终成为当今时代和未来社会的文化强国。中国民间文献遗产作为中国文化遗产的重要组成部分，正是文化底蕴的另一种诠释。

（二）提升中国文化软实力的精神动力

中华民族经历了上下五千年的悠久历史，有着深厚的文化积淀，并且有着浓厚的文化氛围，这些铸就了中华民族在当代社会和未来社会的精神家园，文化软实力的作用自是不言而喻。但历史的车轮正在飞速地转动，当今时代所取得的成就终将成为历史，让文化软实力始终处于"坚硬"的状态自是当今时代每个中华儿女必须承担的历史责任、民族责任、社会责任，也是建设新时代中国特色社会主义现代化强国道路中我们每个人必须肩负的一项重要历史使命。中国民间文献遗产作为中华民族发展历程中为后人留下的宝贵的精神财富，对其进行深入地发掘、整理、保护、管理，自然能够为提升中国文化软实力提供原动力，更能为文化强国之路注入精神力量。

（三）加速中华民族文化传承创新的精神动力所在

文化创新是文化传承与弘扬的重要阶段，是文化本身内在价值实现最大化的直观体现，所以中国在打通文化强国之路的过程中，既要做到将遗留的优秀传统文化传承并弘扬下去，更要不断地进行创新，使其成为新时代中国

特色社会主义现代化强国的文化标志，始终激励中华儿女在不同时代背景下不断努力奋斗。民间文献遗产作为遗留在我国民间的文化经典，是中华民族文化遗产的重要组成部分，其文化价值不仅体现在社会层面，还体现在时代层面，对其进行全面地发掘、整理、保护、抢救、管理，显然有助于实现社会价值和时代价值的最大化，让文化传承创新能够有更为丰富的载体，让中华民族未来的发展拥有更为强劲的精神动力。

三、中华民族先进文化传承与弘扬的历史依据

（一）"责任"与"担当"随着历史的发展源远流长

中华民族作为一个进取心极强的民族，其奋斗精神渗透在广大中华儿女的骨髓里，这是数千年来民族发展的结果，更是对数千年来民族精神的诠释。在当今时代，中华优秀传统文化传承与弘扬的时代意义远远不止体现在"文化符号"层面，还体现在民族责任与民族担当层面。民间文献遗产作为我国优秀传统文化的重要组成部分，反映的是古代乃至近代最基层劳动人民的心声，也是劳动人民最真实的心理活动，所以能够向当代人传递最真实的责任和敢于担当的意识，我国民族文化源远流长，在当今乃至未来社会都有着启示人和引导人的作用，这也正是我国全面开展文献遗产研究工作的重要原因之一。

（二）体现中华儿女的民族智慧和情怀

中华优秀传统文化之所以具有先进性，就是因为悠久的民族人文环境孕育出了中华儿女的优秀品质，并随时代车轮传承至今。传承显然不能仅仅依靠口口相传，还必须有"无形"和"有形"的信息来支撑。民间文献遗产作为中华优秀传统文化的瑰宝，是中华儿女智慧与情怀的结晶。步入新时代，中国特色社会主义现代化强国建设之路已经开启，民族智慧和民族情怀更应深入渗透至每一位中华儿女内心深处，让具有先进性的"民族基因""民族血脉""民族命脉"世世代代传承，成为推进国家、民族、社会又好又快发展的精神力量。

第二节　国内外研究现状与成果综述

一、国内民间文献遗产保护研究现状——以契约文书为例

就当前我国文献遗产研究工作的开展现状来看，契约文书的研究成就取得一定的进步。其中，以地域为划分依据的系统性研究取得了较为显著的研究成果。接下来笔者从民间契约文书的发现与整理、民间契约文书研究进展两方面对其现状进行系统的阐述，以期为本研究奠定坚实的理论基础，同时希望给予广大学者及研究人员以一定的启发。

（一）民间契约文书的发现与整理汇编

1. 敦煌契约文书

敦煌契约文书在文契类民间文献遗产中具有一定的代表性，主要以铁券为载体，是我国文契类民间文献遗产的重要组成部分，主要涵盖房屋、田地、阴地的租赁与买卖，还涉及雇佣、租佃等内容。就目前而言，收录最为广泛的为《敦煌契约文书辑校》，其在当代被视为具有资料性质的工具用书，对开展民间文献遗产研究起到了积极的参考与借鉴作用。

2. 徽州文书

徽州学是20世纪30年代兴起的一门新兴学科，其主要的研究对象是徽州文书。据黄山市文化部门最新调查统计，现存徽州文书不少于50万件。徽州文书的整理工作一直在持续进行中。《徽州千年契约文书》主要收录了安徽省徽州清代和民国时期的租佃文约、田土契约、合同文书、卖身契、典当文约、税契凭证、赋税票据等契约文书，选编宋元明清和民国各类文书散件4000余件，簿册200余册，鱼鳞图册16部。

3. 锦屏文书

锦屏文书（清水江文书）作为我国文契类民间文献遗产的重要组成部分，主要分布在贵州省黎平、剑河等县。就当前档案馆所征集的契约文书总数量来看，档案馆有编号的已超过20万件，此外还有诸多文书并未得到发掘，

总数预计不低于40万件，现档案馆收藏清代至民国时期的契约文书约有100多万件。锦屏文书也被成功收录至我国第三批《中国档案文献遗产名录》之中，成为贵州省又一项珍贵的国家级档案文献遗产。随着时代的发展，贵州省不断加大对锦屏文书的保护力度，并且不断扩大民间文献遗产的发掘范围，发掘过程呈现出分布地域广的特点。同时，学术界也将其定义进行了进一步的深化，将原有的锦屏文书改成了"清水江文书"，并一直沿用至今。

4. 吉昌契约文书

2009年，我国学者孙兆霞在贵州省安顺市大西桥镇吉昌村发现了契约文书的存在，此后在该地区先后收录了438份契约文书，其时间跨度从清代雍正年间至中华人民共和国成立之后，跨越了200多年的历史，这批契约文书涉及最多的莫过于土地、林地、房屋买卖与租赁、典当等方面，现已经被编成《吉昌契约文书汇编》，在全国范围内发行。

5. 石仓契约文书

上海交通大学历史系曹树基教授于2006年在浙江省丽水市松阳县南部的石仓首次发现地契文书的存在，迄今他及他的团队已发现的契约文书达7000余件，这些契约文书被称为"石仓契约"，其时间跨度从清代雍正年间至民国时期，包括分家书、收租簿、置产册、流水账、各类蒙书、商业文书、医生诊疗笔记、科仪书等，被学界称为我国继"徽州文书"之后，再次发现的最为系统和完整的古村落文书。

6. 龙泉驿契约文书

据知情人介绍，四川成都龙泉驿契约文书的来源有二：一是1951年土地改革时期地主富农主动上缴；二是1966年"破四旧"时期由原来大户人家上缴，如西河镇的苏家、范家，大面的张家、冯家、薛家，龙泉镇的田家、游家等大家族。这些契约原来保存在龙泉驿派出所和大面派出所，1995年由成都市龙泉驿区公安分局移交给区档案馆，共501件。成都市龙泉驿区档案馆从中拣选293件进行原版扫描并增录文字编成《成都龙泉驿百年契约文书（1754—1949）》。

7. 福建契约文书

福建师范大学历史系1997年主编的《明清福建经济契约文书选辑》，

是特选自1958年以来在福建全省收集的明清以来的契约文书约4750份，并对其中的1795件进行修复和整理而成。这批福建契约文书来自闽中、闽东、闽南和闽北地区（缺少闽西地区）。

8. 广东土地契约文书

谭棣华、冼剑民致力于搜集明清时期广东土地契约文书，同时充分利用各地档案馆、博物馆所存的土地契约，编成《广东土地契约文书》，涉及珠江三角洲、粤北、粤东、粤西及海南岛等地的契约文书近500份；罗志欢、李龙潜编制的《清代广东土地契约文书汇编》收录明代至民国珠江三角洲、粤东、粤西、粤北契约文书300余份，并作《中国土地契约文书研究资料索引（1904—2012）》为附录；余氏私人所藏的约500份粤西契约文书正在整理当中。

9. 江西省博物馆馆藏契约文书

江西省博物馆迄今为止所收录的民间契约文书总数量已经达到了2000件以上，其中已经进行有效分类和整理的民间契约文书为1957件。这些民间契约文书主要来自江西省博物馆1953年建馆以来的收藏，以及上饶、铅山等市县博物馆。契约文书最早出现的时间可以追溯到清代雍正元年（1723），最晚的契约文书则可以追溯到1964年，时间跨度有241年之长，能够反映出我国古代、近代、近现代社会发展的一般形态。

10. 云南省博物馆馆藏契约文书

云南大学中国经济史研究所和云南省博物馆携手合作，对云南省博物馆馆藏的一批契约文书进行了整理，并出版了《云南省博物馆馆藏契约文书整理与汇编》。这批契约文书的时间跨度有400余年。最早的1件文书签订时间为明代嘉靖二十七年（1548），最晚的为1950年，历时明、清、民国直至20世纪50年代初，以清代、民国的居多。其来源地涉及云南省境内的昆明、嵩明、宜良、安宁、楚雄、保山、腾冲、镇康、澜沧、文山、广南、通海、镇沅、路南、宣威、新平、丽江、宁蒗、维西、红河、石屏、元阳、蒙自、永胜24个市县。

（二）契约文书研究进展简述

以上所述契约文书，或已整理出版，或正在整理中。其中，一批学术价值较高的契约文书研究专著和论文涉及经济学、社会学、法学、人类学、文物学、档案学、文化遗产学等学科，研究成果（含博士、硕士论文）丰硕。综观契约文书的相关研究，其主要集中在以下几个领域。

1. 社会经济史研究

大量的民间契约文书涉及土地房产买卖、租赁及抵押等方面的经济活动，因而对其早期的研究主要集中在经济史领域并延续至今。其中，重要论著有傅衣凌的《福建佃农经济史丛考》、叶显恩的《明清徽州农村社会与佃仆制》、章有义的《明清徽州土地关系研究》、杨国桢的《明清土地契约文书研究》、彭志才的《清代以来江西地区社会经济若干问题研究（1723—1964）——以江西省博物馆馆藏契约文书为中心》等。

2. 法律人类学研究

从历史发展的角度分析，古代法律固有的特点是"诸法相容""民刑未分""以刑为主"，法律作用的对象也普遍以重大刑事案件为主，在房屋、田地、婚姻、财产交易或分配方面，并没有明确的法律作为支撑，或者说政府机关轻易不会主动地介入或实施干预，于是出现了民间私约，就如同现代的法律。由于民间私约能够反映出我国不同历史时期社会法律发展的实际情况，在法学领域引起了广大学者的高度关注。

3. 契约秩序机制研究

中国传统社会的契约与西方近现代的契约的比较研究一直为国内外学术界所关注，相关研究者对中西方契约文化现象的差异进行了比较充分的论述，对其优劣也有过较多的评判。但早期的研究因脱离中西方文化背景，相关对比研究的结论是否符合历史事实，仍有待进一步考察。海外汉学家如滋贺秀三、寺田浩明、黄宗智等把中国契约文书中所蕴藏的法律文化与中国的传统文化背景结合起来研究，有不少创见，但囿于海外所藏的明清契约文书数量有限，如日本东京大学东洋文化研究所收藏的以苏州为中心的清代契约文书在3000件左右，而国内契约文书汇编出版高潮又是近十来年的事，受研究资料所限，其研究的局限性在所难免。杨国桢"感悟到中国传统的契约关系不能按照西方私法的权利概念来分解，而具有明显的中国特色。所谓特色，就是不合世界主流话语的规范，自成一套"。一些学者正在努力探索中国传统契约秩序背后的文化基础。例如，丁晓东提出，儒家学说通过一整套身份等级和道德话语的建构，有效地维护了中国传统社会秩序。儒家创造了一种有效的契约模式，最大限度地促进了中国传统社会中人们之间的合作。王帅一通过考察契约文书中普遍存在的"中人"现象，在认识到其作为中间人、担保人或者调解人等功能的基础之上，探讨"中人"对契约秩序的形成所起到的独特作用，指出其实质是无形的中国文化渊源在具体制度上的体现，这也正是我们理解中国传统私法秩序的逻辑起点。

4. 民间契约文书与女性地位研究

毛立平发表的《妇女史还是性别史？——清代性别研究的源流与演进》一文，回顾了妇女问题研究的历史，认为具有现代意义的妇女史研究始于20世纪二三十年代，经历了新民主主义时期以"压迫—解放"为主题，将妇女设定为"受害者"的角色，到20世纪90年代突破"受害者"的设定，将女性看作历史的构造者与参与者，再到近年来，认识到传统社会妇女在经济和社会上具有较高地位等三个阶段。在第三阶段，一些学者以民间契约文书中女性参与人的角色定位为基础，得出"她们在契约中的各种表现，也意味着妇女在家庭中享有的经济地位得到了社会的认同与肯定"的结论。

5. 民间契约文书与中国历史的重建

我国知名学者赵世瑜在进行清水江文书的研究过程中，明确指出了当前清水江文书的内容主要涉及社会经济学、文献学、法律学等多个领域，这些民间文献遗产的传承无疑让世人对这些领域的发展有了更为深刻的认知，并且能够在未来发展方面获得更多的经验。而且从历史学角度出发，清水江文书更能反映出不同历史时期社会发展的真实现状，通过详细的文献遗产时间顺序排列，能够清晰地体现出社会发展的历史脉络，这显然能够为我国近现代乡村历史研究的发展提供强有力的史料支撑，并且能为探究我国乡村社会未来发展起到指导与借鉴作用。

6. 文献遗产视角下的契约文书

"世界记忆工程"作为全世界范围内民间文献遗产研究的汇总工程，其研究成果不仅极具学术性，还极具历史意义和价值。在该工程的全面推动之下，1995年，我国成立了"世界记忆工程中国委员会"，并在2000年正式启动"中国档案文献遗产工程"，截至2023年1月，入选《中国档案文献遗产名录》的珍贵档案文献遗产就已经超过了190件，并且在最近的几年中一直处于逐年递增的状态，前文中所提到的清水江文书等文献遗产也赫然在列，为中华优秀传统文化的传承、弘扬、发展起到了至关重要的推动作用。

从实际角度出发，"中国档案文献遗产工程"是一项全国范围内文化事业发展的集成，能够促进全民共同参与民间文献遗产的发掘与保护。但是从管理体制角度来看，因为该项工程是由国家档案局发起，并且由"世界记忆工程中国委员会"来实施各项管理工作，所以所收录的民间文献遗产普遍出自各级各类档案馆，也有一些民间文献遗产来自各省、市、县图书馆，甚至乡镇或村委会资料室，文献遗产本身的管理主体呈现出多样化和交叉性两种特征，而这样的管理体制显然不利于我国民间文献遗产管理的高度统一，造成研究、保护、管理的水平不能处于同一高度，很多散落在民间的文献遗产也很难得到全面的发掘。因此，这也是我国当代民间文献遗产研究需要关注的焦点，更是时代赋予我国文化事业发展的一项重要历史使命。

二、国外民间文献遗产保护研究现状

针对国外民间文献遗产保护工作，广大学者普遍响应"世界记忆工程"的号召，并对比进行了深入的研究与探索，其观点主要包括以下五个方面。

（一）文献遗产保护体系和管理模式

就当前而言，"世界记忆工程"在全世界范围内已经实现了四级保护体系，让文献遗产的发掘、整理、修复、保护、管理能够实现由全球化到地区化，再由地区化到国家化的发展新格局，让文献遗产研究与保护工作能够拥有一个统一的、系统化的流程作为保证。

（二）文献遗产保护政策法规和标准

世界记忆工程制定和发布了档案文献遗产的专门政策，如2002年发布的《世界记忆项目总方针》，2003年由联合国教科文组织（UNESCO）第三十二届大会通过的《保护非物质文化遗产公约》（于2006年4月生效），体现了世界记忆工程对档案保护法律的重视。除了世界级纲领，地区级纲领也应运而生，如世界记忆工程亚太地区委员会发布了《世界记忆工程亚太地区纲领》，为亚太地区文献遗产保护工作的顺利开展奠定了理论基础。

（三）文献遗产数据库建设

世界记忆工程建成了保护档案文献遗产的特殊数据库，分别是"消失的记忆"数据库、"目前的活动"数据库、"濒危的记忆"数据库。此外，"美国记忆"也是非常有影响力的全球数字图书馆项目之一，是美国重要的历史文化信息资源网站，以数字形式存储了大部分来自国会图书馆的馆藏资源，总量超过900万件，涵盖了影像、录音、书籍、手稿等原始文件，涉及宗教、哲学、教育、历史、地理等学科。

（四）文献遗产数字化标准

2005年，韩国为了进一步加快档案文献领域的发展，尽快实现数字化发展目标，制订了《世界记忆遗产的保存管理和数字化标准方案》，并将其在该研究领域和全国范围内进行了全面普及。美国则针对有关机构馆藏资源的信息化发展进行了全面深化的改革，具体措施包括构建文献资源数字化管理体系、明确技术规范和技术标准以及在知识产权保护方面制定相关的法律法规。这些措施让文献遗产保护迈向历史新高度并拥有了充足的动力，而且在21世纪初就使文献遗产保护的数字化成为现实。

（五）文献遗产资源宣传和服务

亚太地区在世界记忆工程的宣传方面取得了突出成就，通过电子复印件、网络、出版物、光盘等多种产品形式向公众提供档案文献遗产信息。世界记忆工程亚太地区委员会官方网站详细介绍了世界记忆工程在本地区的发展现状，包括机构设置、项目基金、记忆名录等内容。澳大利亚、泰国等国家均设立了世界记忆工程国家委员会网站。加拿大国家图书馆和档案馆联合制作了加拿大记忆工程网页，其具有非常高的水平，起到了很好的宣传效果。韩国的世界记忆工程项目在申报《世界记忆遗产名录》之前就已经建设了各个项目的专题网站。"美国记忆"数字资源库通过强大的信息检索功能和较大的用户选择空间，不断增强资源的可获取性和用户友好性，其功能强大、操作简单的inquery智能搜索引擎以用户为中心的功能定位也完全符合时代发展的需求。

三、国内外研究成果综述

（一）国内研究成果综述

国内对于遗产阐释的相关研究成果大多属于单篇论文性质，尚无论著出现，而且论文主要集中在三个方面：一是对阐释与展示概念的讨论，如陈曦的《"阐释"与"展示"概念的溯源与辨析》、陶伟等人的《解说：源起，概念，研究内容和方法》等。二是对国际阐释与展示理论的变迁所做的研究，如孙燕的《文化遗产诠释与展示的国际理念和规范——从"适用于考古发掘"到"遗产地诠释与展示"》、张成渝的《遗产解说与展示：对〈艾兰姆宪章〉的释读》等。三是对某个具体遗产地的阐释与展示实践方面的讨论，如杨晓青的硕士论文《结合圆明园遗址展示与利用规划的大遗址展示研究》、魏敏的硕士论文《公众考古学与史前遗址信息阐释》等。

（二）国外研究成果综述

国外对于民间文献遗产的研究也没有较为明显的学术研究成果，相关研究成果主要体现在遗产保护领域。其中，最早就遗产保护提出遗产阐释与研究的是弗里曼·提尔顿（Freeman Tilden），他在1957年出版了图书《阐释我们的遗产》。他当时在美国国家公园管理局工作，依据其工作经验指出，不论是文化遗产还是自然遗产，都必须通过阐释才能让公众了解它们的价值与意义。他还总结了关于阐释的六项原则：①阐释的内容彼此要有所关联；②阐释比提供信息更为重要；③阐释是一门艺术；④负责阐释的人目的不在于教育，而是刺激阐释创意的形成；⑤阐释必须遵循整体性原则；⑥对儿童的阐释必须因材施教。1985年，戴维·洛温塔尔（David Lowenthal）的《过去：一个陌生的国度》一书，强调"过去不确定又不连续的事实只有交织成故事才能被理解"，并直接指出"遗产说穿了不过是假历史"。他是遗产阐释和建构理论方面的重要人物，在20世纪90年代曾任UNESCO与ICOMOS（国际古迹遗址理事会）的咨询委员。1989年，大卫·尤塞尔（David Uzzell）编著了《遗产阐释第一卷：自然与建成环境》与《遗产阐释第二卷：访客经验》，这是两本关于遗产阐释的重要论著。尤塞尔在绪论中谈到阐释的四点原则，认为阐释就像是种宣传及旅游产业中的一种附加价值商品。

2006年，艾莉森·赫姆斯（Alison Hems）在《思考阐释：英格兰遗产的观点变革》指出，由于大部分文化遗产需要依靠自身去维持运营，因此遗产必须以公众的需求为主，创造公众想要了解的内容。

通过上文所阐述的国外相关研究成果，能够看出研究观点所具有的时代意义极为明显，能够为世界各国文化事业的飞速发展起到重要推动作用，明确以文化为中心的经济发展新方向。笔者在进行相关资料搜索的过程中，对相关观点进行了论证，具体情况如表1-1所示。

表 1-1　国际文化战略收集地及相关信息介绍

序号	城市或地区	时间跨度	文化战略文本名称
1	英格兰赫特福德郡	2002—2007 年	赫特福德郡文化战略草案
2	英格兰东苏塞克斯	2013—2023 年	2013—2023 年东苏塞克斯文化战略
3	英格兰多塞特郡	2016—2021 年	2016—2021 年文化战略
4	英格兰考文垂市	2017—2027 年	考文垂文化战略 2017—2027
5	英格兰中都米尔顿凯恩斯镇	2018—2027 年	米尔顿凯恩斯创意和文化战略（2018—2027）（版本 1.0）
6	英格兰赫里福德郡	2019—2029 年	赫里福德郡文化战略（2019—2029）
7	英格兰罗瑟勒姆市	2018—2025 年	罗瑟勒姆 2018—2025 年文化战略草案
8	苏格兰	2019 年	对公众咨询的反应分析：全面分析报告
9	爱尔兰多尼戈尔郡	2016—2020 年	文化：2016—2020 年文化服务的战略愿景
10	阿尔巴尼亚	2018 年	阿尔巴尼亚的文化战略：植入文化缺陷
11	科索沃	2017—2027 年	国家文化遗产战略（2017—2027）
12	挪威卑尔根市	2015—2025 年	2015—2025 年卑尔根市文化战略
13	澳大利亚纽卡斯尔市	2016—2019 年	纽卡斯尔市议会文化战略（2016—2019）
14	澳大利亚珀斯市	2019—2029 年	2019—2029 年文化发展规划
15	美国芝加哥市	2012 年	2012 年芝加哥城市文化计划
16	美国亚历山大市	2016—2026 年	亚历山大：新体验 2016—2026 年艺术与文化总体规划
17	美国达拉斯市	2018 年	2018 年达拉斯文化计划
18	美国奥克兰市	2018 年	奥克兰的归属感：一个文化发展计划
19	美国圣何塞市	2011—2020 年	圣何塞市 2011—2020 年文化规划
20	加拿大萨默塞德市	2012 年	爱德华王子岛城市文化规划
21	加拿大安大略省	2016 年	安大略文化战略：讲故事，发展经济
22	加拿大爱德华王子岛	2017—2022 年	培育成长：文化创意产业五年行动计划

第三节　核心概念的界定

为了使民间文献遗产研究工作始终能够处于可持续和又好又快的发展状态，我们不仅要针对国内外有关研究的现状，以及所取得的研究成果进行全面的整理，更要对其核心概念进行深入的解读。尽管我国学者对民间文献遗产进行了深入的探索与研究，对其包含的范围进行了具体界定，但是并没有做出明确的概念界定。下面笔者就对相关的核心概念进行深入阐释，并将其作为本书创作的理论基础。

一、文化遗产

文化遗产是历史留给人类的财富，从存在形态上分为有形文化遗产和无形文化遗产。有形文化遗产即传统意义上的文化遗产，包括历史文物、历史建筑、人类文化遗址等。无形文化遗产指被各群体、团体，有时被个人视为文化遗产的各种实践、表演、表现形式、知识和技能及其有关的工具、实物、工艺品和文化场所。从内容上来看，文化遗产包括物质文化遗产和非物质文化遗产。物质文化遗产是指具有历史、艺术和科学价值的文物，包括古遗址、古建筑等重要代表性建筑的不可移动文物，以及历史上各时代的重要实物等可移动文物。非物质文化遗产是指各种以非物质形态存在的与群众生活密切相关、世代相承的传统文化表现形式，包括民间文学、音乐、舞蹈、戏曲、技艺、民俗等。截至2021年7月，中国共有世界文化遗产38项，分别为周口店北京猿人遗址、长城、敦煌莫高窟、秦始皇陵及兵马俑坑、明清皇宫、布达拉宫历史建筑群、颐和园等文化遗产以及庐山、五台山、杭州西湖等文化景观。

遗产本义是先人遗留的财物。《后汉书·郭丹传》记载："丹出典州郡人为三公，而家无遗产，子孙困匮。"遗产的英文"heritage"源于拉丁语，意为"父亲为后代留下并继承的财产"。可见，中外关于"遗产"的词义基本相通。"文化遗产"是一个合成词汇，其中"文化"是限定词，"遗产"是中心词，以区别于其他遗产，如自然遗产、农业遗产等。"文化遗产"被当今社会普遍使用，源于西方对物质形态的人类文化遗存的表达，如1954年的《关于发生武装冲突时保护文物财产的公约》所指称的"文化遗产"就是物质实体。1972年，联合国教科文组织在巴黎举行的第十七届世界遗产大会通过了《保护世界文化和自然遗产公约》，以文件形式正式使用"文化遗产"一词并为世界各国所接受。我国也较早使用"文化遗产"这一语词或概念，1950年颁布的《禁止珍贵文物图书出口暂行办法》和1982年颁布的《中华人民共和国文物保护法》就使用了"文化遗产""历史文化遗产"等词语。不过当时语境下的概念与当下的概念不尽相同。1985年我国加入《保护世界文化和自然遗产公约》以后，国内才普遍使用国际通用的"文化遗产"这一词语。结合联合国教科文组织部分成员国的建议，伴随世界范围内对遗产保护工作的深入和认知的深化，国际社会形成共识——文化遗产包括物质的文化遗产和非物质的文化遗产两个层面。物质文化遗产指的是物质化、实物类的人类文化遗存，与非物质文化遗产相对。

二、非物质文化遗产

今天广为人知的非物质文化遗产，起源于20世纪50年代日本提出的"无形文化财"这一概念，但在术语和诠释上出现过多次变化：从"无形文化财""无形文化遗产""民间创作"，到"口头与非物质遗产"，最后到"非物质文化遗产"，经历了数十年的演绎过程。我国学术界对于"非物质文化遗产"一词的定义，主要有两大代表性观点：一种观点认为非物质文化遗产是与群众生活密切相关、代代相传的各种传统文化形式（如民俗活动、表演艺术）；另一种观点将非物质文化遗产定义为人类通过口传心授，世代相传的、无形的、动态的文化遗产。本书借鉴联合国教科文组织的理解，将非物质文化遗产界定为"被各社区、群体、个人视为其文化遗产组成部分的各种社会实践、观念表述、知识、技能以及相关的工具、实物、手工艺品和文化场所"。按照联合国教科文组织的界定，非物质文化遗产内容主要包括口头传统、表演艺术、社会实践、仪式礼仪、节日庆典、有关自然界和宇宙的知识和实践、传统的手工艺技能等。

从以上观点的概述可以看出当今学术界对于非物质文化遗产的概念界定具有明确的视角，即具备动态文化体系以及内涵丰富的文化"生命"体。我国学者龙先琼针对非物质文化遗产的概念界定提出了自己的观点，他认为要立足历史环境、传承载体和精神内质三个方面对其内涵加以明确，具体而言，就是对非物质文化遗产的结构、形成背景、精神实质加以高度明确，以促进非物质文化遗产发掘、保护、利用的价值和意义的进一步明确。每一项非物质文化遗产都会呈现出不同地区传统文化的差异性，能够彰显出不同地域民族精神实质和价值观念的不同，完全是一种既看不见又摸不着的意识形态。物质文化遗产是通过看得见、摸得着的物品，向人们诉说民族发展的心路历程，而非物质文化遗产是精神层面的诠释，其载体的种类具有多样性，表现的形式更是将多样性特征淋漓尽致地体现出来，包括语言、文字、传统工艺、声音、民俗习惯等。

20世纪50年代日本加入联合国教科文组织，随后联合国教科文组织的《保护非物质文化遗产公约》吸收了日本《文化财保护法》的一些概念和经验。《文化财保护法》是最早对文化遗产进行立法的法律，也是非物质文化遗产概念的缘起，并首次授予拥有精湛传统技艺的民间艺人"活生生民族珍宝"的美誉。1962年韩国政府在其《文化财保护法》中将"文化财"（文物）分为四类：有形、无形、民俗和纪念物，正式将无形文化遗产纳入国家文物普查和保护的法定范围。而在20世纪六七十年代的法国和80年代的泰国都产生了对非物质文化遗产进行重新认知和巩固学习的浓厚兴趣，两国政府更是从多方面制定保护非物质文化遗产的政策法规，并将这种保护热潮向世界推广。

联合国教科文组织最初将"无形文化财"翻译为"民间口头创作"或"人类口头及非物质文化遗产"，后简译为"非物质文化遗产"。后来人们觉得这一译法不妥，就改译为"无形文化遗产"。但我国沿用早期的译法，还是使用"非物质文化遗产"这一提法。

综合以上观点，不难发现当今学术界时于日本学者所提出的"无形文化财"这一观点有着共同的看法，即"无形文化财"是当今时代"非物质文化遗产"概念的渊源所在。而我国在21世纪初经全国人大常委会批准，将《保护非物质文化遗产公约》成功引进的一刻起，也将关于非物质文化遗产的概念引入进来。其实早在20世纪20年代我国就已经全面开展了民俗学运动，而那段历史时期非物质文化遗产的概念指的就是这一领域的核心内涵，并且在沿用的过程中将其作为一门学科不断加以发展。直至中华人民共和国成立，尤其是在改革开放这一历史时期，我国学术界提出了"民族民间文化"这一学术观点，之后也有学者将其归纳为"民间文化"或"民间艺术"等。在《保护非物质文化遗产公约》成功引入国内后，2007年文化部就将一批国家级非物质文化遗产项目以及项目传承人的名单向全社会公布，"非物质文化遗产"也由此取代了之前学术界的各种提法，并且无论是学术界，还是政府和媒体都将其作为一个通用的概念。

从《保护非物质文化遗产公约》中关于"非物质文化遗产"的概念界定层面出发，被社会、地区、群体（个人）视为与文化遗产相关的文献资料，以及观念表述、表现形式、知识与技能等都可以称为非物质文化遗产，其具体表现形式既可以是民间手工艺品，也可以是某一种常用的工具、文化场所等。随着环境、历史条件的不断变化，经过各种途径代代相传，这些非物质文化遗产必然会在无形中实现创新，这样不仅能够让不同历史阶段的人形成高度的认同感，还能让其产生传承的使命感，进而增强保护民族传统文化的多样性和创造力。

"非物质文化遗产"这个概念可能会使人们产生一定的误解,非物质文化遗产并不是与物质无关,事实上,非物质文化遗产项目一般都有物质载体。"非物质文化遗产"这一概念会使人们在实际操作中纠结于物质与非物质。对此,笔者认为所谓"非物质"并不是与物质绝缘,而是相对于满足人类物质生活需要的物质生产而言的,它强调以非物质形态存在的精神领域的创造活动及其结晶,主要是满足人们的精神生活需求。另外,很多非物质文化遗产是离不开物质的,如很多表演艺术类非物质文化遗产所用的道具就具有物质属性。我们现在关注的非物质文化遗产虽然称为"非物质",但是与"物"密不可分。我们要了解非物质文化遗产的本质在于文化的"传承",而不在于"物"与"非物",其核心是传承文化的人。非物质文化遗产与物质文化遗产的差异在于前者的存在以人为载体,离不开传承人,而后者的传承过程不存在传承人。也就是说,对于非物质文化遗产而言,传承人消失就意味着原形态的非物质文化遗产不复存在。因此,传承人是非物质文化遗产保护的重点。

总之,非物质文化遗产是各族人民通过口传心授、世代相传而形成的无形、动态的传统文化表达形式,是表达民族情感、增强民族认同、寄托民族精神的重要文化形态。

三、民间文献

民间文献多产生、留存于田野乡间、普通民众的日常生活中,主要反映基层社会的政治、经济、文化状况和普通农民的日常生活、人际交往、家庭关系、个人境遇等。随着社会史研究的日渐升温和"自下而上"研究视角的提倡,民间文献的学术价值日益被学界所认可,越来越多的民间文献资源被挖掘和整理出来。当代中国民间文献史料的搜集与整理也已取得重大进展,主要有以下几种。

(一)二十世纪下半期中国农村的社会生活史料

1997年清华大学社会学系孙立平和郭于华教授共同主持的大型研究项目"二十世纪下半期中国农村社会生活口述资料收集与研究计划"旨在对长期以来相对空白的民间历史资料进行搜集和研究,用口述史的方式记录20世纪下半期中国农民的生活变迁轨迹,进而深入剖析革命与宏观历史变迁背景下中国农民日常生活的状况及其改变以及对这些经历的感受、记忆、讲述和理解,其关注的是作为一种文明的共产主义在日常生活实践中的运行逻辑。按照当初的设计，该项目要用30年的时间完成，届时将积累几千个小时的录音资料，形成一部多卷本的学术专著：《20世纪下半期中国农民的社会生活》。至2000年，研究人员在华北的西村、西北的骥村、东北的石湾和西南的柳坪等四个调查基地，走访了几百位老年农民、基层干部以及曾经在这些村庄中工作过的人，收集到700多个小时的录音资料，撰写出近百万字的工作论文，用笔和录音机记录了走访对象的生活以及对生活的感受。一位美国著名学者了解到这个项目后评论道：在国际学术界，这是一项关于中国革命的最先进的研究[①]。

（二）集体化时代农村基层档案资料

山西大学中国社会史研究中心的师生秉承"走向田野与社会"的学术理念，深入乡村收集到"集体化时代农村基层档案"130余柜，达5000余卷、上百万件之多。这批资料"或以个人档案突出（如平遥县西游驾生产大队近200份个人档案，或以村庄基层活动面貌突出（如阳高县上吾其公社档案113册，涉及生产生活、行政实践、民兵组织与征兵、灾害与社会救济、教育、家庭人口和婚姻），或以成册上级文件突出（如侯马市上平望村保留的36册上级文件等），或以较为完整的账册和各种经济活动分类统计数字呈现（如陵川县白萋掌村保留了1964—1979年经济活动记载与账册资料）"[②]。这些档案资料年代是从1945年至1982年，地域遍及山西全省，范围包括村庄、公社以及灌区、工厂、百货公司、供销合作社等50余处的文本资料和实物，涉及经济活动、文化生活、宗教信仰、人际关系、社会救助、人口家庭等内容，从自上而下的各个层面和衣食住行的各个方面反映了当时的山西农村社会，是中国农村社会研究不可多得的史料。

（三）华北乡村文献资料

自2000年以来，南开大学中国社会史研究中心华北文书研究室秉承"让基层农民说话"的学术理念，常年带领硕士、博士研究生赴华北各省农村进行乡村文献的考察与收集工作，已取得重要成果。目前该单位已收集到的华北乡村文献资料有以下几种。

[①] 乔福锦.挖掘民间文献的多重价值[N].人民日报，2009-07-17（7）.
[②] 黄宗智.中国乡村研究（第五辑）[M].福州：福建教育出版社，2007：273-289.

1. 侯家营文书

河北省昌黎县侯家营村保存有相当完整的集体化时代村级文书资料，其中较重要的有：①《侯家营大队阶级档案》。每户档案中详细记载了该户在中华人民共和国成立前后的经济状况、政治表现、社会关系、家史（包括土地改革前的情况）等，经阶级清查后地位有升降者附有改变阶级成分决议证明。②《村史》和《家史》。充满革命话语的《家史》虽然不完整，但仍能从中窥见20世纪30年代至60年代村中的重大事件和村中下层农民在1949年前后的生活变迁。③《泥井公社侯家营大队历史资料底账（秘密）(1952—1971)》及以年度各类报表为核心的经济、社会统计资料。此类资料日积月累，数量可观而又完整连贯，记录了20世纪50年代至今侯家营村各项经济、社会统计数据。④1964年至2004年完整的村财务账簿（以现金、流水、分户账为主，约160余册）、传票收据册、大队干部工分记录等。这些资料几乎是以"天"为单位，记录着侯家营村每一笔款项的收入或支出。⑤20世纪60年代以来大队与各级组织、单位往来文件、证明、信件，包括人员往来介绍信、大队介绍信存根。⑥村干部的日记、工作笔记、大队革委会木制印章。⑦中华人民共和国成立后历次人口普查记录及2004年《全村户口登记簿》[①]。这批文书资料不仅内容极为详细、丰富、完整，涉及村内政治、经济、文化等方方面面的内容，而且在时间和地点上恰好可以和20世纪上半期日本"满铁"有关该村的调查资料相衔接，继而组成一个时间跨度超过百年、内容完整连贯的乡村发展历史记录。利用这些资料可以描绘出长达百年的乡村历史画卷，这对于关注社会长期变动的历史学工作者具有很高的研究价值。目前，这批宝贵的文书资料已全部运至该研究室保存，并由该研究室组织学生对其进行了初步整理，编制了逾20万字的目录，并选出一部分交由出版社出版。

2. 下孔村档案资料

《下孔村档案资料》现存于山西省阳城县甲口镇村委会资料室，主要收录的内容是集体化时期该村的发展状况。在内容上其体现出极为丰富的特点，并且内容收录的过程具有高度系统化的特征，是极为珍贵的民间时事资料，具有较高的历史参考价值。该档案资料主要涉及了该村经济发展和社会

---

① 张思，李治安. 一个华北村庄的现代历程[M]. 天津：天津古籍出版社，2010：2.

变迁两个部分,虽然其管理方式出现了电子化发展趋势,但是依然没有达到信息化的高度。

3. 前南峪文书

从当前前南峪文书所收录的地点来看,作为太行山区生态文明村,河北省邢台市信都区浆水镇前南峪村在我国全面建成小康社会的过程中发挥着先锋作用。文献遗产资料详细记载了该村在中华人民共和国成立后的经济发展状况、行政和财政发展的历程,以及清末至民国期间的契约文书等。其中,后者最具有历史代表性,为研究我国山地产权交易制度的变迁提供了真实而又宝贵的历史材料。

4. 乔钦起工作笔记

《乔钦起工作笔记》的主人公是一位太行山区的基层干部,记录的内容是其20世纪后半期工作与生活的真实经历。乔钦起1930年出生于河北省邢台县(现为邢台市信都区)的普通耕读家庭,解放战争时期在解放区从事教师工作,为该地区基础教育和扫盲教育的发展起到了积极的推动作用。此后,他担任邢台县路罗人民公社党委办公室主任,成为一名政府工作人员。在职期间他尽职尽责、任劳任怨,有81本工作笔记遗留下来,至今保存完整,总字数更是达到了惊人的两百万字。与工作笔记一并保存下来的还有一些相关的笔记附录,其中包括演讲稿、不同历史时期的工作照片、个人工作汇报、个人藏书、历史文书、工作证件和学习笔记等,这些显然都是工作笔记的重要组成部分,见证了我国乡村基层工作的发展历程,具有较高的收藏价值。工作笔记的内容既涵盖了中华人民共和国成立初期的扫盲运动,还涉及家庭联产承包责任制的执行情况,以及在人民公社时期行政机构的调整情况等。尤其是20世纪70年代乔钦起担任白岸公社党委书记期间的工作笔记内容极为丰富,包括社会调研活动、技能学习的组织与安排等。在基层环境治理方面,乔钦起更是付出了艰辛的努力,进行了土地、水质、道路、林地、空气等多方面治理,受到了县政府的明令嘉奖。这一珍贵民间文献遗产反映了基层干部的工作热情,也体现了不同历史时期乡村建设所取得的阶段性成就,这无疑为我国当今时代乡村振兴战略的全面实施提供了重要的指导和借鉴。

5. 贾增文日记

《贾增文日记》记录的是华北平原一名普通农民在20世纪下半期的工

作、生活经历。贾增文于1943年4月13日出生在河北省藁城市牛家庄村一个贫苦的农民家庭，但这名普通的农民用自己的亲身经历见证了中华人民共和国成立至今一次又一次的历史脉搏跳动。从1959年9月16日的第一篇日记开始，日复一日、年复一年，贾增文陆陆续续写了将近半个世纪。这些用牛皮纸、旧草纸、信纸以及废账本等自制的日记本，除1963年因水灾遗失几本外，至今已达71本。三年困难时期的困苦、家庭联产承包责任制的实行以及当前社会主义新农村建设的方针政策、家庭收支、生活点滴无一不真实记录在内，见证了一个农民、一个家庭、一个村落近半个世纪的岁月沧桑和时代变迁[①]。这71本日记已经成为反映中国农村近半个世纪生产生活变迁的珍贵历史资料，而且具有其他历史资料无可比拟的"草根"特质和真实性，被誉为"活着的民间档案"。清华大学社会学系、山西大学中国社会史研究中心及南开大学中国社会史研究中心华北文书研究室等单位对当代中国民间文献史料进行了全面的、系统的搜集和整理。除了上述三所高校外，一些学者通过田野调查，在搜集和整理当代中国口述资料、档案资料、个人日记等方面也取得了很大进展。

（四）其他民间文献资料

除上述三种民间文献史料之外，还有一批珍贵的民间文献资源逐渐被发掘和整理出来，有的已交由出版社出版，以下是较为重要作品。

1. 联民村乡土资料

学者张乐天在浙江省海宁县（现为海宁市）工作与生活时主要对其完整的乡村资料进行了整理和收录。并将其分为两个基本大类，即农村基本情况资料和农村经济变迁与发展资料。其中，农村基本情况资料主要涉及中华人民共和国成立时农户土地拥有情况、土地改革时期农村土地分配情况以及土地合作社的粮食分配情况、经济分配情况、农户家庭收入与支出情况、乡村企业发展情况等。其所收集的数据已经达到了上万条，并且一一进行了整理和计算，呈现了准确的不同时期的农村经济发展状况，使我国农村社会和经济发展的历程变得更加清晰。除此之外，他还对农村社会发展的文书资料进行了系统化的整理，并且以基层农民为研究对象，将其工作与生活的点点滴

[①] 邓群刚. 底层农民视阈下的国家与村庄——《贾增文日记》所见[J]. 石家庄学院学报，2010（5）：40-45.

滴记录下来，形成了70多本工作日记，真实而又生动地反映出我国基层农村的发展历程，以及基层干部走过的艰辛之路。更重要的是，这些工作日记显然能够让世人更加直接地理解历史，具有极为突出的历史研究价值[①]。这些保存良好且极富乡土气息的文献资料也为我国乡村振兴事业的全面发展起到了历史借鉴作用。

2. 东营村村账

河北省临漳县杜村乡东营村是一个普通村庄，这个村保存了从1948年到2005年一套完整的村账，其中反映土地改革时期村内人口、土地和阶级划分，反映初级社、高级社时期社员入股、生产与分配方面的档案极为罕见，具有极高的学术研究价值。这些村账记录着该村不同时期的经济发展状况，涉及每个历史阶段农民收益分配、村干部工资、农村土地经营、集体资产增值、社会公益事业发展的状况与沿革等历史事实。农业部（现为农业农村部）农村改革试验区办公室综合处处长副研究员朱守银曾经这样评价：东营村村账对我国农村政策沿革极具研究价值，对当前解决好"三农"问题具有特殊重要意义[②]。

3. 侯永禄日记

《侯永禄日记》的主人公是陕西省的一名普通农民，他自幼年起就用彩色的笔和纸记录下自己生活中的一点一滴。整整60年的时间，他的日记反映了各个历史时期的改革背景，记录了"三农"问题解决过程中人们得到的真正实惠，反映了一个家庭、一个村落、一个民族在不同历史时期的发展，为我国当今时代和未来有效解决基层民众最普遍的问题，传承优秀的民间文化提供了真实的历史资料。另外，该部日记还记录了主人公自己的一些观点和看法，主要包括西北地区乡村发展的现状，以及对其未来发展的期盼，这些都为我国乡村变迁史的深入研究提供了重要的历史参考资料。

4. 门庄大队档案

华东师范大学出版了《河北省冀县门庄公社门庄大队档案》一书。该书编者并没有对书中所刊档案的种类进行专门说明，由于各队现存档案多少

[①] 张乐天.告别理想：人民公社制度研究[M].上海：上海人民出版社，2005：11.
[②] 华东师范大学中国当代史研究中心.河北省冀县门庄公社门庄大队档案[M].上海：东方出版中心，2009：15.

不一，仅以项目最多的第十生产队为例，书中介绍了生产队基本情况、村阶级成分表、贫协会员登记表、入贫协会申请书、党团员情况及妇女各阶层登记表等 16 项。有的生产队档案中还包括社员花名册、作物落实方案等，但所占比例较小。值得注意的是，在冀县门庄十小队工作组基本情况档案的首页，所标的"党、政、青、妇、武"十分醒目，这些均可归入农村基层组织，其他生产队的档案情况与此类似。

综上所述，近年来，意识到当代民间文献史料的价值并开始对其进行搜集、抢救与整理的专业研究团体和个人，已不在少数。经过他们的艰辛探索，一大批珍贵的当代中国民间文献史料被发掘和整理出来，其中部分甚至已交由出版社出版。

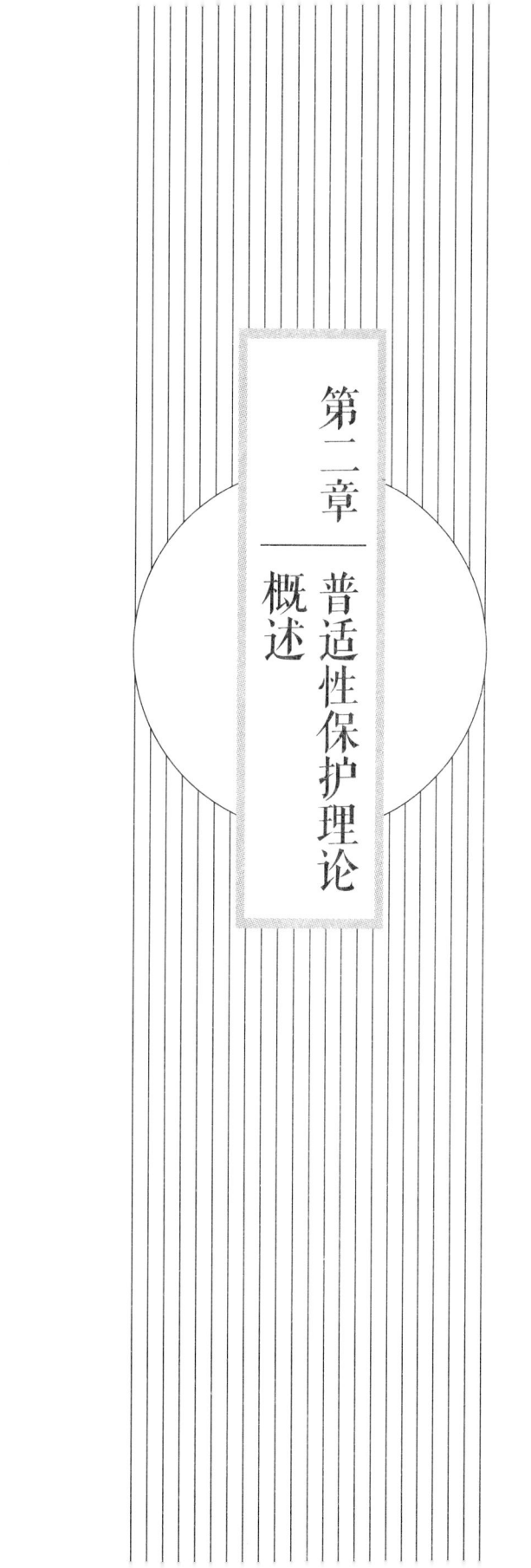

第二章 普适性保护理论概述

文献遗产保护工作作为文化遗产保护的重要组成部分，是推动国家、民族、社会永续发展的重要力量，因此精准保护就成为文献遗产保护工作长期不懈的追求。但是，真正将其转化为现实必须要有坚实的理论作为支撑，普适性保护理论是广大学者经过长期实践与研究所总结出的根本性理论，在中国民间文献遗产发掘、整理、保护、管理中体现了实践价值。本章笔者对该理论的内容组成、核心论点，以及其在民间文献遗产保护中的作用三方面进行深入研究与探索，对该理论进行概述，希望能够为文献资料管理方面的研究学者与工作人员带来一定的启发。

第一节 普适性保护理论的内容

普适性保护理论作为文献遗产保护工作的重要理论支撑，其内容涉及文献遗产保护的思维、原则、方法、策略四个部分。本节从结构性角度出发，对其内容进行具体的研究，从而为中国民间文献遗产保护、传承、弘扬提供强有力的理论支撑。普适性保护理论的内容结构如图2-1所示。

```
                     ┌─ 普适性保护的主体思维 ─┬─ 精细化保护
                     │                        └─ 整体化保护
                     │
                     │                        ┌─ 动态化保护原则
                     ├─ 普适性保护的原则 ─────┼─ 因地制宜原则
                     │                        └─ 因需而异原则
普适性保护            │
理论内容 ────────────┤                        ┌─ 预防性保护
                     │                        ├─ 治理性保护
                     ├─ 普适性保护的方法 ─────┼─ 原生性保护
                     │                        └─ 再生性保护
                     │
                     │                        ┌─ 差异化保护
                     └─ 普适性保护的策略 ─────┼─ "靶向性"保护
                                              └─ 保护技术的管理
```

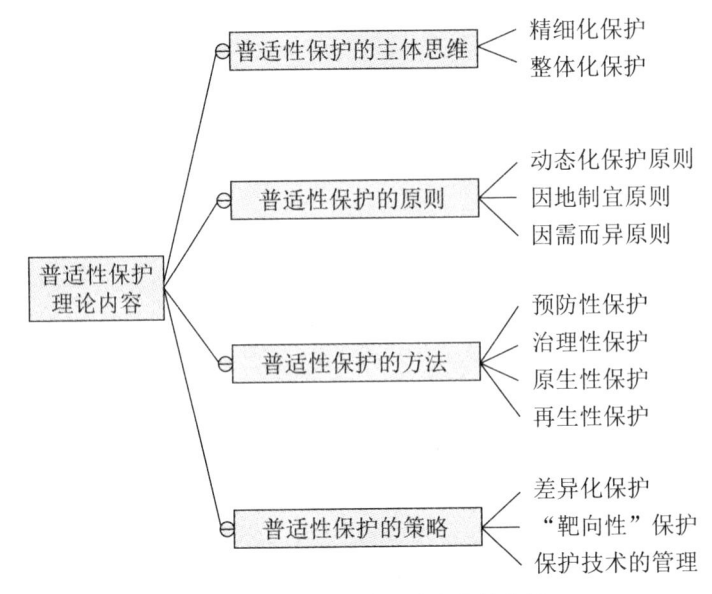

图 2-1　普适性保护理论内容结构图

普适性保护理论内容结构图明确指出普适性保护的主体思维、普适性保护的原则、普适性保护的方法以及普适性保护的策略等相关内容，其系统性不言自明。接下来笔者就针对每个结构进行具体研究和阐述。

一、普适性保护的主体思维

逻辑是否合理，能否保持贯通会直接影响某一项活动的最终结果，对中国民间文献遗产保护工作而言更是如此。普适性保护理论针对文献遗产保护的逻辑思维进行了合理化构建，为中国民间文献遗产保护工作的高质量开展奠定了坚实基础。

（一）精细化保护

"精细化"的重点在于"精"和"细"，前者注重工作中每一个细节的深入，后者则强调工作的每个流程都要做到细致，有效把握每一个细节。

对文献遗产的发掘、整理、保护、管理工作而言，每个环节都会影响最终的工作质量，每个细节都会关乎成败，所以精细化保护就成为普适性理论主体思维的重要组成部分。在具体实践过程中，工作人员既要有较强的问题意识，又要高度谨慎，并深入开展调查工作，形成精细化的工作思维，以确保文献遗产从发掘到管理全流程高质量运行。

（二）整体化保护

普适性保护理论并非只关注某一类文献遗产的精细化保护，忽视对其他文献类别的高度关注，而是强调在文献遗产整体性方面做到精细化保护。这也是普适性保护理论的根本初衷，所以整体化保护也是该理论主体思维的重要组成部分。

在整体化保护方面，先要着眼于宏观，再从微观入手，以使在文献遗产保护的技术、方法、措施上能够实现有效选择，让保护工作的各个流程都能高质量运行，最终获得令人满意的效果。

二、普适性保护的原则

普适性保护理论为文献遗产保护工作的开展指明了方向，确立了具体的原则，让每一名从事该领域研究与实践的工作人员都有了行动指南。对此，笔者对该理论所揭示的文献遗产保护原则进行深入分析和阐述。

（一）动态化保护原则

"动态化保护"作为有效落实文献遗产保护工作的根本性原则，强调保护工作全过程的动态化，具体的侧重点包括"立体式"和"动态化"两个方面。

从图 2-2 所呈现出的动态保护原则侧重点可以看出"立体式"主要体现在空间层面，将"内外环境变化""实际保护需求""实施方法与反馈"作为方向，使保护工作能够全面考虑外部因素的影响与作用。"动态化"主要体现在时间层面，要求及时识别文献保护的具体需求，在保护效果方面做到动态评估，最后在保护过程方面形成动态循环，以避免文献遗产变质和损毁的情况出现，为非物质文化遗产的传承与弘扬提供有利的前提条件。

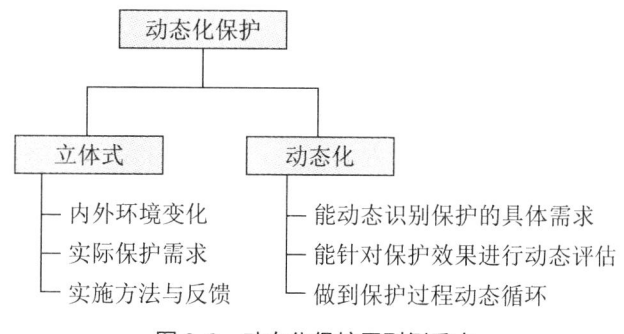

图 2-2 动态化保护原则侧重点

（二）因地制宜原则

从内涵层面分析，"因地制宜"是指立足客观环境的要求，采用最适宜的方式促进某项活动的有效开展，以达到甚至超出预期目标。因此，这一原则在各个领域得到了广泛的贯彻与落实。对我国文献遗产保护工作而言，该原则被作为一项基本原则的根本原因在于我国幅员辽阔，气候、环境、水土特征等存在区域性差异，给文献本身带来的影响也各不相同。

因此，在文献遗产保护工作中，必须结合当地气候与环境特征，有针对性地选择和实施技术手段与措施。其环节主要包括两个：第一，明确文献遗产所处地域的基本环境、气候、水土等的特征。此环节作为因地制宜原则的基础，通常被视为文献遗产保护工作的前期准备活动。第二，有效选择文献遗产保护技术并制订实施方案。此环节承载着因地制宜原则的实施效果，也是该原则实际运用过程中重点关注的对象。

（三）因需而异原则

从字面理解，"因需而异"是指根据具体需求改变固有的策略，以达到提升策略适用性的目的；从具体内涵层面理解，是指根据群体中的个体差异，对其具体需求进行深入的了解与分析，然后从总体策略中找出不适用的部分并做出有效调整，确保个体与总体的需求都能得到即时满足。

对文献遗产保护工作而言，由于文献种类较多，涉及的领域较为广泛，故而文献发掘、整理、保护、管理工作中所采用的技术、方法、措施不能高度一致，应根据文献遗产的类型与种类进行客观分析，了解保护过程中的具体需要，对其技术、方法、措施进行及时的调整与优化，力求避免文献资料变质和损毁情况的发生。

三、普适性保护的方法

理论研究的价值不仅体现在理论指导作用，更体现在为实践活动提供直接的、有效的、根本的开展方法，为实践方法的不断创新提供重要的理论基础。普适性保护理论针对文化遗产的发掘、整理、保护、管理做出了明确的理论概述，更为每一名工作者提供了切实可行的方法论。

（一）预防性保护

在文献遗产保护工作中，预防性保护的根本目的非常明确，那就是采用事先质量管理、质量监测、质量评估、措施调控等手段，在环境因素对文献材料形成危害之前，将其潜在性的因素加以抑制，尽可能为文献材料提供一个较为理想的存放环境，使文献材料始终处于恒温恒湿、灭活杀菌的保存状态，尽可能地阻止环境因素损坏文献材料，让文献材料的保存具有可持续性。

随着广大学者对普适性保护理论研究的不断深入，文献遗产预防性保护措施也得到了不断深化，很多地方政府管理部门已经设置了针对性的职能部门，全面提高文献遗产环境监测水平，并且实施了增加新风系统和变频式中央空调等措施，确保易损遗产的保存环境始终处于理想化的状态，最大限度地阻止环境因素损坏文献遗产的情况出现。另外，在文献遗产保护措施的创新方面，已经有机构研发出具有微环境适度调控功能的陈列柜，以期使文献遗产保存环境的质量水平得到进一步提升。

（二）治理性保护

治理性保护是指在抢救文献遗产的过程中采取一系列应急手段和技术，以求文献遗产能够得到永久保存。其间，重点工作就是对影响文献遗产永久性保存的不利因素进行全面分析，从而确定有效干预不利因素继续作用的手段和技术。这也是文献遗产抢救所经常采用的方法。

（三）原生性保护

原生性保护以"不改变原有载体"为宗旨，对文献材料进行有效的修复，并且对文献材料进行加固，对文献材料的保存环境进行优化。其主要的操作包括灭菌除尘、脱酸与修复等。在仪器设备方面，主要包括自动或手动除尘仪、低氧和低温灭活系统等，以确保文献载体的实质不发生根本性改变，具备原生性特征。

（四）再生性保护

再生性保护也是文献遗产保护工作中惯用的一种方法，因其效果极为明显，所以应用的普遍性较高。其主要的操作体现在数字手段的有效运用，即运用数字技术对文献材料进行加工与处理，达到有效复制或将其转移至其他载体的目的，从而使文献遗产保存的长期性和应用的有效性得到提升。

四、普适性保护的策略

保护策略作为普适性保护理论的一项重要内容，其构成不仅包括明确的发展方向，而且涉及具体采用的措施，所以其理论价值与实践价值极为突出，深刻影响着文献遗产领域的深层次研究与发展。接下来笔者就针对该理论的相关策略进行具体阐述，希望能为广大学者及文献遗产研究人员提供一定的帮助。

（一）差异化保护

差异化保护建立在"因需而异"和"因地制宜"两项原则的基础之上，是指根据文献材料发掘、整理、保护、管理的具体需要，对文献材料进行整体性的差异划分，确保归为一类的文献材料在整理方法、保护措施、技术运用、管理原则方面具有高度的一致性。

在今后的文献遗产保护工作中，要结合差异化需求做出具体分析，从而选定文献材料修复、保护、管理的具体实施方案，以及所运用的具体措施和技术，进而确保文献遗产能够在当今乃至未来得到科学的保存，促进中华民族传统文化在得以永续传承和弘扬的同时，能够被社会加以高度利用，达到文献遗产研究和保护的最终目的。

（二）"靶向性"保护

在医学领域中存在一个专属名词，"靶向治疗"。治疗方法就是在细胞分子水平中根据恶性肿瘤所处于的点位直接给药，让药物直接作用于靶细胞，达到有效攻击靶细胞的目的，该领域的临床效果在得到高度肯定的同时，国内外有关学者也在不断进行深入的研究，达到"靶向性"治疗效果最大化的目的。在文献遗产研究领域中，由于文献遗产所处地域不同，类型和损毁程度存在一定的差异，同时受到外界环境影响的因素也各有不同，如何做到有针对性地进行发掘、整理、保护、管理，真正做到"直达病灶"就成为关注的焦点。

为此，医学领域临床与研究工作中的"靶向治疗"思想和路径自然具有极强的借鉴价值。其中，"靶向性"保护自然成为普适性保护理论向世人传递的基本保护策略之一，以提高文献遗产保护的精准度。具体而言，该策略建立在差异化保护措施基础之上，强调将文献遗产进行差异化分类，在明确具体的文献遗产保护需要，建立靶向目标的同时，合理制订保护方案，确保各流程中的具体工作充分落实，切实做到保护措施"直达病灶"，以达到甚至远远超出预期的效果，助力文献遗产的长时间和高质量保存，进而被社会更好地利用。

（三）保护技术的管理

文献遗产研究是一项极为系统和精细化的工程，不仅要求在文献遗产的发掘方面做到高度的精细，在文献遗产的整理、保护、管理方面也提出了较高的要求。

除前文中提到的保护方案与措施之外，还要在技术运用层面做到不断整合、优化、创新，以确保靶向性保护和差异化保护措施能够得到有效落实，达到理想的文献遗产发掘、整理、保护、管理效果。保护技术的管理关键体现在两个方面：第一，要明确评估指标和评估方法，对文献遗产的重要程度进行客观评估。在评估指标方面，要围绕真实性、时间、形成者、内容和主题、样式和风格等，确立文献遗产重要性评估指标。在评估方法方面，要将定性与定量评估作为主要选择，确保对文献遗产重要性的描述更为客观准确，并在数据方面能够得到更加直观的体现。第二，要结合评估结果制订修复、保护、管理方案，最终确定相关技术并实现技术层面的有效管理。在通过客观的评价指标和有效的评估方法获得准确的评估结果后，要采用切实可行的文献遗产修复、保护、管理的措施和理想的技术手段，并对技术手段的应用过程进行系统化的管理，以保证修复、保护、管理效果始终处于理想化的状态。

综上所述，普适性保护理论内容的结构性非常明显，不仅具有突出的理论指导作用，更具有实践意义和价值，因此能够为本研究提供重要的理论支撑。

第二节　普适性保护理论的核心观点

普适性保护理论能作为文献遗产研究的重要理论支撑的根本原因在于其涉猎范围较广，理论指导和理论引领作用较为突出，能够为文献遗产保护领域的发展起到至关重要的推动作用。在上一节中笔者主要针对该理论所包含的内容进行了概述，本节则主要对该理论的核心观点进行深入研究。普适性保护理论核心观点的内容与要素如图2-3所示。

```
                    ┌─ 深入分析文献遗产的特殊性
         ┌─需求导向的─┼─ 损毁方式和损毁程度的鉴定
         │   差异化   └─ 策略的针对性与有效性
         │
普适性保护理│          ┌─ 明确原则为前提
论的核心观点┼文献遗产研究┼─ 重要性评估为动力
         │全过程的动态化└─ 策略及时调整为保障
         │
         │          ┌─ 各个环节"落细"
         └─策略实施的─┼─ 各个环节"落实"
             精准化  └─ 各个环节"落准"
```

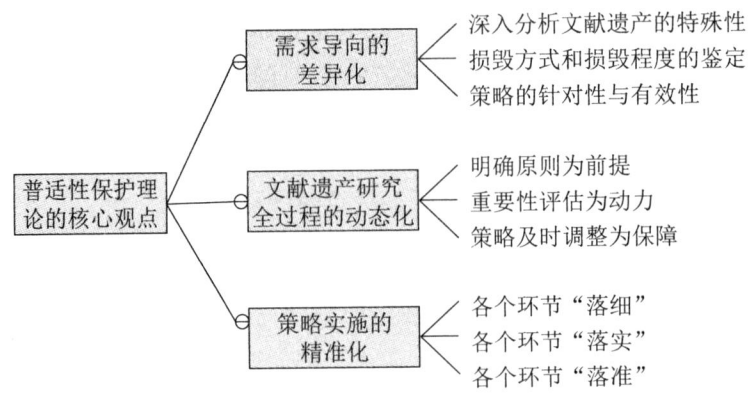

图 2-3　普适性保护理论核心观点概括图

从普适性保护理论核心观点概括图所呈现出的核心观点以及核心观点构成的主要因素，可以看出核心观点向人们传递的信息极为丰富。文献遗产研究的总体理念强调需求导向的差异化，同时要求在研究全过程和策略实施方面做到动态化和精准化。下面笔者将围绕上图所呈现的具体信息进行详细的阐述。

一、需求导向的差异化

中华民族作为拥有五千多年文明史的优秀民族，留给当今世界的文献遗产数不胜数，它为自身的发展和社会的进步提供了重要的文化引领和文化内驱力。由于文献遗产的类型和所处的地域环境不同，所以在文献遗产研究过程中，深入分析各个阶段需求的差异化就成为首要工作，而这也正是普适性保护理论第一个核心观点。

（一）深入分析文献遗产的特殊性

文献遗产的脆弱程度难以想象。例如，篆刻在金石和贝叶载体上的文献材料往往都处于室外，而书写在书卷上的文献材料往往处于室内，由于其所处环境温度和湿度的不同，其发掘、整理、修复、保护、管理工作所采用的方法、措施、技术也具有一定的差异性。

室外文献材料需要进行加固、去污、清洁、拓片建档等处理，室内文献材料则需要对其化学成分和色素成分进行分析，如书写在书卷上的文献材料往往需要针对载体本身进行无水脱酸和灭活杀菌等处理，以满足文献长时间保存的需要。因此，深入分析文献遗产类型的特殊性，就成为文献保护需求导向差异化的重要组成部分，也是普适性保护理论和新观点的基本构成要素。

（二）损毁方式和损毁程度的鉴定

文献材料经过历史的洗礼，能够保存至今堪称奇迹，而文献材料所经历的年代久远程度不同，也导致文献遗产的损毁程度不同。此外，文献材料所处地理位置的不同也会导致损毁方式有所不同。

因此，在发掘、整理、修复、保护、管理文献遗产的过程中，必须对损毁方式和损毁程度进行科学鉴定。这显然也是普适性保护理论核心观点的基本组成要素之一，更是需求导向差异化的又一直观体现。在鉴定过程中，要通过先进的技术手段，对损毁部分进行还原，同时要通过定性与定量评估的方法，有效评估损毁程度，以确保根据文献遗产保护的具体需求形成差异化的保护。

（三）策略的针对性与有效性

结合上述两点不难发现，在文献遗产发掘、整理、修复、保护、管理工作中，结合不同的文献遗产保护需求，有差异性地采取相应措施，确保文献遗产研究的各个阶段都能取得最为理想的工作成效，就是对文献遗产研究策略针对性与有效性最为有力的说明。

其中，应重点关注的对象包括：第一，研究方法的针对性与有效性。第二，技术手段选择的针对性与运用的有效性。这两点强调在具体实践中，必须对需求差异进行有效分析，并结合分析结果进行差异化分类，进而确保所采用的预防性保护、治理性保护、原生性保护、再生性保护能够切实取得效果。另外，在技术层面尖端技术必须成为文献遗产研究的重要支撑条件，让各个阶段的工作成效更为突出。

二、策略实施的精准化

策略实施在普适性保护理论内容中占据重要位置，其核心论点体现在"精准化"层面，笔者将其归纳为落细、落实、落准"三落"，具体如下。

（一）各个环节"落细"

"细致入微"无疑是文献遗产研究工作人员必须具备的基本素养，具体表现在细化工作流程上，不仅要做到面面俱到，更要做到事无巨细，以保证各流程的每一个细节之间形成有效衔接。

在具体操作中，应高度重视以下两方面：第一，根据文献遗产研究工作的不同阶段，确立阶段化工作流程。文献遗产研究工作的具体流程在之前的阐述中已经得到了明确，每个阶段的工作主体已经较为清晰。每个阶段的具体工作流程不能过于强调按部就班，而是要进行延展，如文献遗产发掘工作既要将外部环境勘察等准备工作视为重点，还要将外部环境的影响因素分析纳入工作流程之中，确保文献遗产发掘过程采用理想的方法和技术手段，为下一阶段工作流程的顺利进行奠定基础。第二，立足阶段化工作流程，并对其具体的细节加以完善，真正确保阶段性研究工作细致入微，各项工作流程之间形成理想的衔接。

（二）各个环节"落实"

在上文中，"落细"体现在思想和意识层面，要求在进行文献遗产发掘、修复、保护、管理工作中，尽可能地想到一切有利因素。但效果则体现在行为上，所以将各个环节真正"落实"是达到精准化的重要条件。

实践中具体的注意事项包括两方面：第一，明确文献遗产研究工作的初衷。文献遗产研究工作的初衷在于肩负新时代赋予的传统文化伟大复兴的新使命，确保中国优秀传统文化在新时代发扬光大，让文化真正引领中华民族未来的发展，而这也是文献遗产研究工作的价值所在，明确这一点就能提高文献遗产保护工作各个环节的实施力度。第二，结合工作细节的各个侧重点，以严谨的态度实施各项操作。在明确文献遗产研究工作的初衷的基础上，要保持严谨的态度，站在文献遗产社会价值、文化价值最大化的层面，进行精细而又全面化的操作，让文献遗产从发掘、整理到保护、管理始终精益求精、准确无误、科学合理。

（三）各个环节"落准"

"落细"与"落实"并非文献遗产研究工作的全部，也并非普适性保护理论文献遗产研究策略的全部。"落准"无疑是使策略实施达到精准化的又一重要条件。

在实践中需要关注的重点事项包括两个方面：第一，实施方案的制定要找准侧重点。文献遗产发掘、修复、保护、管理工作的系统性不言而喻，工作流程长、工作任务量大、工作细节较为烦琐，这就要求实施方案的制定有合理的架构作为支撑，以促进策略实施中的细节的高度完善及其落实程度的全面提升。第二，方案的实施过程要找准切入点。方案实施的全过程要围绕主体架构进行，但主体架构能否体现出支撑文献遗产发掘、修复、保护、管理工作紧张而又有序,全面而又深入地开展关键在于切入点是否能够准确。如果答案为肯定,那么整体研究工作随之能够盘活,反之,则不然。

三、文献遗产研究全过程的动态化

结合普适性保护理论的基本内容,可以看出其向广大文献遗产研究人员和学者传递的信息具有高度的结构性,每个结构化的内容都有核心观点的表达。在文献遗产研究中全程保持高度的动态化就是其中之一,具体表现为三个方面。

(一)明确原则为前提

众所周知,各项研究活动要在明确的原则下才能顺利进行,以求具有发展性和可持续性。文献遗产研究作为一项系统工程,必须有明确的原则作为支撑。在上文中笔者针对具体的原则进行了相应的阐述,而在这里则要对原则本身的重要意义加以说明。

文献遗产研究原则的意义具体表现为两个方面:第一,为研究活动行动方案的制定明确初衷。前文明确指出普适性保护理论强调文献遗产保护必须遵循动态化保护、因需而异、因地制宜三项原则,突出文献遗产保护要以"文献遗产"为主体,以永久保存为最终目的,以民族文化源远流长为最终目标,这也充分彰显了文献遗产研究的根本初衷。第二,为研究活动的全过程指明总体方向。普适性保护理论明确了文献遗产研究应关注的主要细节,这显然为研究活动的全过程指明了总体方向,为研究工作的全面开展奠定了坚实基础。

(二)重要性评估为动力

在研究过程中,明确文献遗产所处的状态、社会价值、文化价值等多方面因素至关重要,是明确研究活动具体细节,并做到着眼点和切入点高度细化和准确的关键所在。对此,有效开展重要性评估就成为文献遗产研究工作的动力所在,也是实现动态化保护至关重要的一环。

在此期间,应重点关注两个方面:第一,科学确立重要性评估的视角。重要性评估的最终目的就是深入探明文献遗产本身存在的作用、意义、价值,从而确保文献遗产研究工作能够将文化精髓永续传承。对此,有效开展重要性评估工作能够为文献遗产研究工作增添强大的动力。第二,建立完善的重要性评估流程。前文已经对文献遗产重要性评估指标进行了明确,但是在评估流程方面并没有做出具体的论述。在这里,笔者认为要结合重要性评估的原则、标准、方法、指标,通过科学的数据模型系统评估文献遗产的重要性,从而为有效开展文献遗产发掘、整理、修复、保护、管理工作提供重要的保证。

(三)策略及时调整为保障

策略是否科学合理直接关乎文献遗产研究的最终成果,并决定民族优秀传统文化能否在当今时代发扬光大,还会间接影响传统文化对时代发展的引领作用。因此,及时有效地调整文献遗产研究策略就成为普适性保护理论的又一核心观点。

策略的及时调整具体包括两个方面:第一,根据文献遗产保护对象需要的改变,及时调整各个阶段工作的侧重点。各民族的发展史可称为人类的光辉史,遗留在当今时代的历史文献材料毫无疑问都是人类社会智慧的结晶,故而文献遗产的巨大数量就成为研究人员需要面对的严峻挑战。研究对象的多样化不言自明,其具体需要也存在明显的差异。对此,在调整研究策略之前,首先要根据研究对象需要的变化及时有效地调整各阶段研究工作侧重点。第二,立足调整后的各阶段工作侧重点,有效地进行技术层面的调整。在做到及时有效调整研究工作各阶段侧重点的同时,要有针对性地在技术运用层面进行相应调整,力求文献遗产研究工作始终拥有最科学、最理想的技术支撑条件。

综上所述,普适性保护理论在文献遗产研究工作中所发挥的作用极为明显。中国民间文献遗产研究工作是文献遗产研究工作的重要分支,该理论必然也会为这一领域研究工作的顺利开展提供重要的理论和实践指导。

第三节 普适性保护理论在民间文献遗产保护中的作用

中华民族历经五千多年的发展,其创造的传统文化是民族智慧的结晶,无数民间文献作为民族智慧结晶的重要组成部分,深刻影响着每一代中华儿女。时代的发展与进步离不开对优秀传统文化的传承与弘扬,民间文献遗产作为中华优秀传统文化的重要组成部分,见证着民族发展过程中的辉煌与成就,因此全面而又深入地进行民间文献遗产研究工作具有特殊的时代意义。

普适性保护理论作为文献遗产研究工作的指导性理论，在民间文献遗产研究与保护中发挥着重要的理论指导作用。本节笔者就以此为立足点进行深入的阐述。

一、民间文献遗产的合理发掘

普适性保护理论明确指出文献遗产保护工作的性质体现在两方面：一是特殊性明显，二是系统性极强。该理论无论是在保护原则和保护方法方面，还是在保护措施方面，都有针对性地提供了相应的指导，其本身的实践意义极为明显。在民间文献遗产研究工作中，考证与发掘工作是首要环节，其坚持的原则必须体现在方案和措施的价值性和合理性两方面。普适性保护理论对其提出了明确的要求，并且在方案设计上为其指明了方向，从而在民间文献遗产发掘中充分发挥理论导向作用。

二、民间文献遗产的科学修复

民间文献遗产作为文献遗产的重要组成部分，主要包括土地、房产交易等契约，是研究我国各个历史时期社会经济与文化发展状况的有效途径之一。因此，民间文献遗产的修复是研究工作的一项重要内容。普适性保护理论针对文献遗产保护的原则、方法、措施的制定做出了详尽的阐述，也为民间文献遗产的科学修复和及时有效的抢救起到至关重要的作用。表2-1对此进行了概述。

表2-1 普适性保护理论对民间文献遗产科学修复的作用概述

作用体现	作用概述
差异保护与抢救的及时性	深度审视民间文献遗产，满足修复过程中的各种需要，并第一时间制订修复方案
"靶向性"明显	民间文献遗产修复与抢救的对象针对性极强
方案的精细化	修复与抢救过程的细节最大限度地做到全覆盖

表2-1明确概述了普适性保护理论在民间文献遗产科学修复中发挥的指导作用。在这里，需要特别关注的是，由于民间文献遗产修复过程需要考虑的因素较多，且民间文献遗产多散落在民间，其毁坏方式和程度往往不同于其他文献遗产。对此，修复和抢救的过程要充分结合外部环境因素，立足文献遗产的脆弱性，制订有针对性和作用效果明显的修复方案，确保修复与抢救工作的有效性。

三、民间文献遗产的理想化保护

在民间文献遗产研究中，遗产保护是核心环节，其理念、原则、方法、措施是否合理直接影响民间文献遗产的传承与价值最大化。普适性保护理论作为文献遗产保护工作的根本理论，在民间文献遗产保护工作中发挥着至关重要的作用，具体见表2-2。

表2-2 普适性保护理论对民间文化遗产理想化保护的作用概述

作用体现	作用概述
方案科学合理	确保方案选择的视角具有高度的科学性，并且方案结构的合理性与系统化较为明显
措施完善	重要性评估、损毁方式与程度分析、保护措施的系统性明显提升
技术创新	评估方法、文献遗产保护技术更加具有时代性特征

从表2-2可以看出，普适性保护理论的应用范围涉及各类文献遗产保护。中国民间文献遗产研究工作是一项系统工程，其中遗产保护是至关重要的环节，该理论中的保护原则与方法能够为之提供强有力的理论指导与支撑，在保护方案、保护措施、保护技术创新方面的作用非常明显，其实践价值极为突出。

四、民间文献遗产的有效管理

从民间文献遗产研究的最终目的来看，保护不是最终目的。科学、合理、有效的管理是研究工作的最终环节，也是确保民间文献遗产实现价值永续的关键所在。对此，普适性保护理论在保护策略方面向每一名工作人员阐明了初衷，这也意味着民间文献遗产的保护措施要立足时代发展的大环境，强调保护策略必须面向现代化、信息化和数字化。普适性保护理论为建立民间文献遗产的理想管理模式指明了大方向。

综上所述，普适性保护理论在文献遗产研究领域的作用与价值极为突出，具体表现在文献遗产保护的基本原则、方法措施等方面。所以，民间文献遗产研究必须将普适性保护理论作为基础，确保研究工作拥有坚实的理论基础，并充分发挥该理论的指导作用。

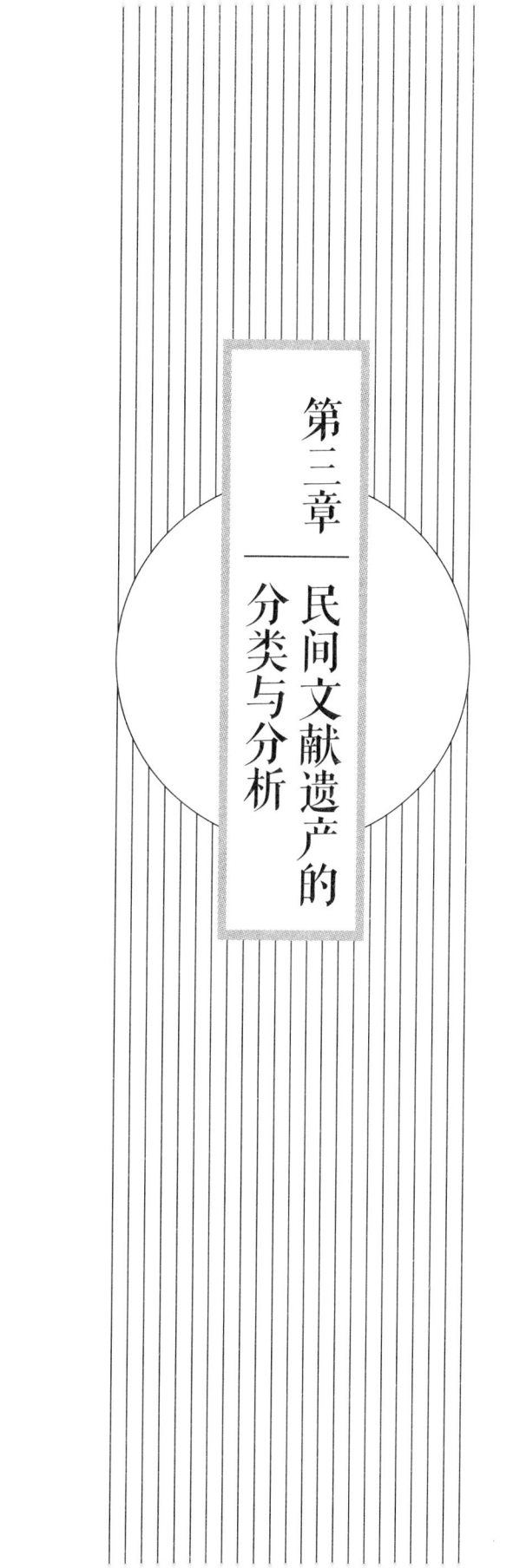

第三章 民间文献遗产的分类与分析

第三章 民间文献遗产的分类与分析

前文已经对民间文献遗产研究的历史背景、国内外关于民间文献遗产研究的基本现状以及普适性保护理论的内容、核心观点、在民间文献遗产研究中的作用进行了深入阐述，其观点主要体现在理论层面。本章立足实践层面，对民间文献遗产的类别划分，以及各个类别文献遗产的作用价值进行系统分析，确保对民间文献遗产保护工作进行全面而又深入研究的紧迫性得到充分体现。下面笔者具体阐述民间文献遗产的分类原则与标准、民间文献遗产的类别列举、不同类别民间文献遗产对乡村社会的影响。

第一节 民间文献遗产的分类原则与标准

中国作为拥有五千多年文明史的东方大国，其传统文化资源无论是在数量上，还是在涉及领域上都让世界震撼。民间文化作为中华民族传统文化的重要组成部分，其遗留在当今社会的文献遗产数不胜数，对我国新时代社会文化的发展起到至关重要的推动作用。对此，对民间文献遗产进行科学分类是民间文献遗产研究工作的一项重要任务，更是一项系统工程，必须有明确的分类原则和分类标准作为支撑。本节就以此为中心进行全面而又深入的阐述。

一、中国民间文献遗产的分类原则

通过普适性保护理论的相关内容、核心观点、保护措施的具体介绍，可以看出该理论在民间文献遗产保护方面具有较强的适用性。随着时代的发展，民间文献遗产研究工作不断深入。由于该项研究工作具有较强的系统性，所以无论是以往的研究工作，还是当代的研究工作，都将有效的分类放在首位。下面笔者对文献遗产传统的分类原则与现代的分类原则进行阐述与分析。分类原则概括见表3-1。

表 3-1　中国民间文献遗产传统与现代分类原则概括

传统的分类原则		现代的分类原则	
分类原则	原则概括	分类原则	原则概括
可移动原则	可以通过外力移动（泛指历史文献资料）	物质形态原则	具有物质形态的民间文献（泛指石器、玉器、木器、瓷器等）
可移动原则	具有代表性的实物（泛指有科学价值的手稿）	物质形态原则	具有功能属性的民间文献（泛指艺术品、民俗器物等）
不可移动原则	不可通过外力移动（泛指民间古建筑等）	非物质形态原则	不具备物质形态的民间文献（泛指民族音乐声音等）
不可移动原则	移动后会影响其价值（泛指石刻、壁画等）	非物质形态原则	具有研究价值的民俗活动（泛指宗教活动、祭祀活动等）

结合表 3-1 关于民间文献遗产分类原则的概括，不难发现现代的分类原则比传统的分类原则更具先进性，更加客观，能够将民间文献遗产的社会价值、文化价值、历史作用、历史意义充分表达出来。下面笔者就针对各项分类原则进行具体阐述。

（一）可移动原则

可移动原则相对较为笼统，从字面理解，该原则是将可以通过外力移动的民间文献遗产都视为一类。其中最为典型的就是文献遗产中的历史文献资料，或者具有科学价值的手稿，包括契约文书、民族史诗等。该分类原则显然很难对民间文献遗产的类别进行具体划分，这也说明其具有一定的局限性。

（二）不可移动原则

不可移动原则与可移动原则相对应，是指不可通过外力移动，或者移动之后对其价值产生影响的民间文献遗产，包括民间古建筑、民间石刻、民间壁画、民间雕塑等。该原则显然也没有将民间文献遗产进行详细的分类，同样具有一定的笼统性，需要进一步完善，以确保民间文献遗产发掘、整理、修复、保护及管理工作的科学开展。

（三）物质形态原则

现代的民间文献遗产分类原则更加强调文献遗产本身所具有的历史属性和文化属性，根据这两方面属性进行民间文献遗产类别的划分显然效果更为理想。物质形态原则将既具有物质形态又具有社会价值、文化价值、历史作用、历史意义的民间文献遗产划分为一类,包括石器、玉器、木器、瓷器等。该原则类别指向更加明确,能够为文献遗产的发掘、整理、修复、保护及管理工作的针对性开展提供重要的保障。

(四) 非物质形态原则

非物质形态原则与物质形态原则相对应,其基本内涵在于将不具备物质形态,但是具备社会价值、文化价值、历史作用、历史意义的民间文献遗产划分为一类,包括民族音乐声音、宗教活动、祭祀活动等。该原则进一步细化了民间文献遗产的分类,让民间文献遗产的价值、作用、意义得到集中体现,达到引领个人、社会乃至全民族的文化发展,提高民族文化品质的目的。

二、中国民间文献遗产的分类标准

就当前我国已经发掘的民间文献遗产而言,其涉及领域之广泛和数量之多无疑是最为明显的特征。其原因在于中华民族拥有五千多年的文明史,劳动人民的智慧结晶更是数不胜数。为此,开展中国民间文献遗产的分类不仅要有科学的原则作为支撑,更要有明确的标准作为保证,以确保民间文献遗产研究工作整体水平的不断提高。下面笔者就针对传统的民间文献遗产分类标准和现代的民间文献遗产分类标准进行分别概述,具体见表3-2。

表3-2 中国民间文献遗产传统与现代分类标准概述

传统分类标准		现代分类标准	
分类标准	内容概述	分类标准	内容概述
具有历史意义和历史作用	对某一历史时期人类文明的发展起到促进作用	代表一种独特的艺术成就	在艺术发展中的历史意义极为突出
		能够对某一历史时期产生影响	能够促某一历史时期某一领域的发展
能够体现社会科学和人文科学的发展	能够推动某一时期社会经济、文化、宗教、伦理道德的发展	能够对已经消失的文明起到见证作用	能够直观地为消失的文明提供史料证实
		具有独特而普遍意义的活动	具有特殊意义并且能够得到普遍性的认知

结合表3-3民间文献遗产分类标准,不难发现传统的分类标准较为宽泛,很难准确体现文献遗产的具体作用、意义和价值,让当代人从中受到强烈和直接的启发,充分体现文献遗产本身的教育、引领及陶冶作用。而现代的分类标准无疑更加细化,能够弥补传统的分类标准所存在的局限性。下面

笔者针对各分类标准做出明确论述。

（一）具有历史意义和历史作用

传统的分类标准作为传统民间文献遗产分类标准之一，强调具有历史意义和历史作用的文献遗产都可以归为一类，突出民间文献遗产本身的历史性。但从这一标准的实质来看，其更多地体现出对民间文献遗产的鉴定，分类的视角具有一定的模糊性。所以，在当今民间文献遗产研究工作中，必须将分类标准进行有效的细化。

（二）能够体现社会科学和人文科学的发展

社会科学和人文科学的发展是人类社会进步主要标志，文献遗产研究工作必须以此为出发点，对文献遗产进行全面分类。因此，以往的民间文献遗产研究工作普遍将能够体现社会科学和人文科学的发展作为重要的分类标准。但不可否认的是，该分类标准依然具有一定的笼统性，在分类过程中很难直观表达各类民间文献遗产所具有的历史意义和历史作用。

（三）代表一种独特的艺术成就

现代的民间文献遗产分类标准明确指出民间文献遗产艺术成就的独特性应该作为一项基本的分类标准。其原因非常简单，那就是文献遗产本身要有明显的艺术价值，并且要体现独特性，能够反映中华民族独有的民间智慧和审美取向，充分彰显民族艺术层面的高品质。

（四）能够对某一历史时期产生影响

民间文献遗产是出自民间或者遗留在民间的文化遗产，"智慧在民间"往往也是对文献遗产最为直接的诠释，能够对某一历史时期的发展起到重要的影响作用。因此，这一分类标准成为当今民间文献遗产分类的主要标准，也是充分彰显民间文献遗产社会价值与文化价值的根本保证。

（五）能够对已经消失的文明起到见证作用

本研究多次强调民间文献遗产属于文化遗产的重要组成部分，因此民间文献遗产必须具有"史料证明"的功能。具体而言，民间文献遗产能够为已经消失的文明提供最为直接、最为有力的史料支撑，这显然是当今对文献遗产进行有效分类的重要标准之一。

(六)具有独特而普遍意义的活动

从民间文献遗产的历史作用和价值角度来讲,很多民间文献遗产向人们传递的都是宗教、民俗等方面的信息,其作用与价值不仅体现在文学艺术和文化发展层面,更体现在社会科学与人文科学发展层面。所以,具有独特而普遍意义的活动也应作为当今民间文献遗产分类的主要标准。

综上所述,当前我国民间文献遗产的分类原则与分类标准已经得到了系统的优化。特别是在分类原则上能够以物质形态和非物质形态两个原则进行民间文献遗产的分类,分类视角的合理性更加突出,为民间文献遗产的针对性发掘、整理、修复、保护提供了重要的指导,更为民间文献遗产的永久保存和利用价值最大化提供了条件。

第二节 民间文献遗产的类别列举

中国民间文献遗产作为中华民族五千多年文明史中的文化瑰宝,在推动新时期中国社会文化发展,提升全民族文化素养方面发挥着至关重要的作用。因此,在中国民间文化遗产研究工作中,要有效进行民间文化遗产类别的划分,以体现民间文化遗产的作用与价值。对此,在明确民间文献遗产的分类原则与标准基础上,本节对其主要类别进行列举,具体见表3-3。

表3-3 中国民间文献遗产主要类别及明细

序号	主要类别	文献
1	契约文书	《咸丰三年郑锡辉立乾坤书》《锦屏县林业契约文书》《堡里契约文书》等
2	水书	《二十八宿卷》《时辰卷》《方位卷》《60甲子择用卷》《历年卷》《巫术卷》等
3	中国传统音乐声音档案	西藏民间音乐,新疆维吾尔族民间音乐,苗族、侗族、瑶族等民族音乐,道教和佛教的宗教音乐等
4	民族史诗	《亚鲁王》《黑暗传》《玛纳斯》《格萨尔》等

表3-3针对当前我国现有的民间文献遗产的主要类别进行了具体划分,其中对每个类别中所包括的文献遗产也进行了简单列举,但限于篇幅,不能针对文献的具体内容进行详细列举,同时未能呈现其对我国文化发展的促进作用。

一、契约文书

契约文书作为中国民间文献遗产中的重要一员,不仅能够充分反映不同时期历史社会科学与人文科学领域发展的现实情况,更能体现中华民族在历史发展中的管理智慧和管理艺术;不仅为促进民族道德品质的全面提升发挥着重要作用,也对当今乃至未来社会科学和人文科学领域的发展起到文化引领作用。以下笔者就围绕契约文书的类别概括、历史作用与意义,以及契约文书发掘、整理、修复、保护工作的主视角三个方面做出具体阐述。

(一)契约文书的类别概括

结合上文表3-3关于中国民间文献遗产的主要分类,可以看出契约文书作为现存数量最多、类别最为复杂的民间文献遗产,是我国不同历史时期人类如何维护自身利益的缩影,具有很大的研究价值。契约文书主要分为八大类:买卖契约、典当契约、租佃契约、借贷契约、婚姻契约、析产契约、兑换契约、其他契约。契约文书的具体类别如图3-1所示。

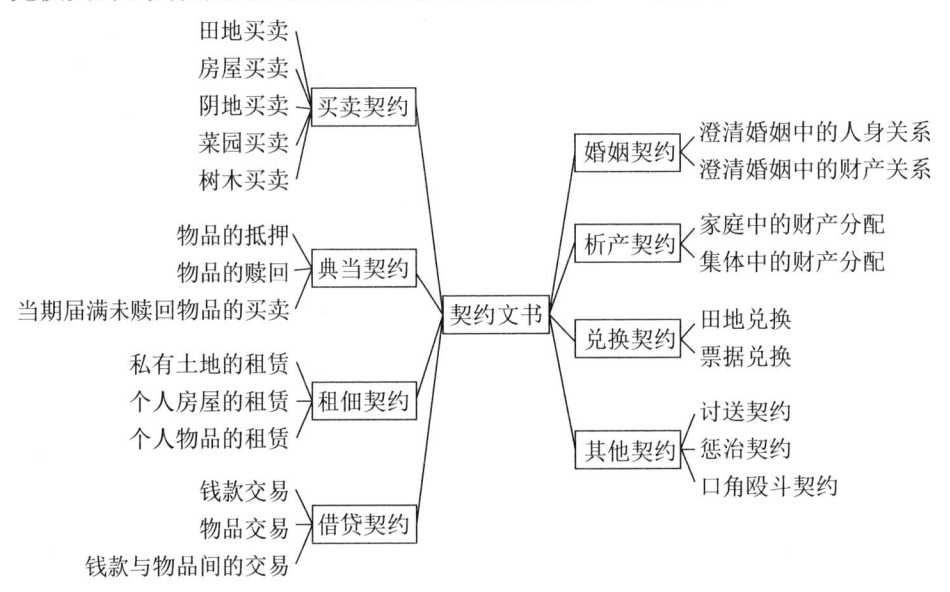

图3-1 契约文书类别概括

从图3-1可以看出买卖契约主要用于不动产的买卖,具体包括田地、房屋、阴地、菜园、树木等,契约名称更是多种多样。典当契约主要用于物品的抵押,但与买卖契约存在的明显不同在于典当期届满可以赎回物品,从中获得一定的收益,如不能在规定的期限内赎回物品可以再行买卖。由于动产与不动产皆可作为典当物品，所以契约名称也存在多样性。租佃契约主要用于私有土地的租赁，契约名称往往较为固定。借贷契约主要用于钱款的交易，或者钱与物之间的抵借，因此契约名称具有一定的多样性。婚姻契约主要用于婚姻中人身关系或财产关系的澄清，所以契约名称往往相对固定。析产契约主要用于家庭财产的分配，所以契约名称较为单一。兑换契约主要用于田地或票据的兑换，以方便田地的耕种或钱财的支付，契约名称也相对固定。其他契约主要是无法以契约性质进行划分的契约，由于所涉及的领域较多，所以也呈现出契约名称多样性的特征。上述契约通常书写或篆刻于书卷、布帛、金属、石碑、竹木之上，所以契约载体本身也具有多样化的特点。

（二）契约文书的历史作用与意义

根据契约文书的类别概括，契约文书具体涉及四个领域，分别为经济法律领域、社会政治领域、道德哲学领域、宗教神学领域。契约文书充分体现出不同历史阶段的社会背景下，这四个领域的发展进程，为我国当代经济法律、社会政治、道德哲学、宗教神学方面的发展提供了最为直接的历史依据，反映出这四个领域未来发展的大方向。

在经济法律方面，该类契约文书以满足双方和多方利益需求为中心，使其在平等协商的氛围下遵守相应规则，并履行各自的责任与义务，充分体现出平等互利的特点。在当今社会，"合同"与"协议"恰恰是在这一基础上发展而来的，并且具有更加明确的法律属性。

在社会政治方面，其他契约文书主要针对个体行为进行了明确的规范，并且将国家利益和集体利益放在第一位，在有关方面作出强制性的规定。一旦个人行为与国家利益或集体利益相冲突，或者损害国家利益或集体利益，那么相关个人必然会受到法律的制裁，这在当今社会也具有一定的适用性。

在道德哲学方面，上述各类契约文书都以个人诚实守信为基本原则，并且对个人行为都保持公平、公正、公开的态度，也对个人行为习惯和思想观念形成了一种无形的约束，促进了全民族道德品质的提升，其中的文化思想传承至今，体现了高尚的民族精神。

在宗教神学方面，教会契约文书主要包括教会回忆录等内容，在内容的真实性方面有着极高的要求，因此能够为我国宗教神学的历史研究提供启示，更能为现代宗教神学的发展提供重要的历史参考和借鉴。

（三）契约文书发掘、整理、修复、保护工作的主视角

上文明确指出了契约文书是我国当前民间文献遗产的重要组成部分之一，其作用与价值体现在历史性、文化性、时代性三个层面，因此契约文书的发掘、整理、修复、保护工作必须作为民间文献遗产研究的重中之重。

在契约文书的发掘方面，要立足契约文书所处地域的外部环境因素、历史因素、自然因素、人为因素对其进行重要性的甄别，并且采用科学的手段进行转运和保存，为整理和修复工作的有效开展打下坚实基础。在契约文书的整理方面，要针对契约文书的类型、作用、价值对其进行系统的分类，彰显契约文书在某一领域所作出的贡献，以及为当今和未来社会发展所起到的借鉴和启示作用。在契约文书的修复方面，要对契约文书的载体、损毁程度、损毁原因等进行评估，并且通过现代技术进行复原，以求契约文书的内容和历史感能够更加直接地呈现在世人面前。在契约文书的保护方面，保护对象主要以修复的契约文书为主，目的是为其提供一个较为理想的保存环境，如储藏室、真空展柜、灭菌箱等，以保证契约文书的长久保存并达到利用价值的最大化。

二、水书

水书在中国民间文献遗产中占有重要地位，但其内容所蕴含的历史价值和文化价值还并未能得到充分体现。对此，笔者主要对水书的类别、历史作用与意义，以及发掘、整理、修复、保护工作进行具体介绍。

（一）水书的类别概括

现存水书共包括1453种，被称为人类象形文字的"活化石"，水书不仅是中国民间文献遗产的重要组成部分，更是我国极为重要的非物质文化遗产。水书具体分类如图3-2所示。

第三章 民间文献遗产的分类与分析

```
宗教              地理
《八卦九宫卷》      《天干地支卷》
《阴阳五行卷》等    《方位卷》
                  《九嗔卷》等
      民俗
      《婚嫁卷》              天文
      《丧葬卷》          《二十八宿卷》
      《金堂卷》等         《时辰卷》
              伦理
              《春寅卷》等
```

图 3-2 水书类别概括

通过对水书的初步概括，不难发现当前已经发掘的水书文献遗产的主要类别涉及天文、地理、宗教、民俗、伦理五个领域，具体包括九星、二十八宿、八卦九宫、天干地支、日月五星、阴阳五行、六十甲子、四时五方以及七元历制等，对我国古代历法、宗教、文学、礼仪、天文地理等多个领域的发展起到了至关重要的推动作用。

（二）水书的历史作用与意义

水族文字作为中华民族古老的文字之一，其出现不仅让人们感受到人类文字从甲骨文→金文→水族文字的演变历程，也反映出象形文字向简体文字的发展历程。除此之外，水书记载的文字信息体现了我国古代社会科学和人文科学领域从无到有的过程，彰显出中国古代社会人们的大智慧。

在人类文字的进化领域，水书充分展现出中华民族在文字艺术方面的造诣，也解开了人类象形文字的神秘面纱，更对文字的发展起到了至关重要的推动作用，这也充分反映了水书本身所具有的历史意义和考古价值。水书涵盖天文、地理、宗教、民俗、伦理、哲学六个领域，充分阐释了人与人之间、人与社会之间、人与自然之间和谐共处的关系，充分体现了中国传统的民间文化对社会科学与人文科学领域发展所做出的贡献。

（三）水书的发掘、整理、修复、保护工作

上文对水书的历史作用与意义做了具体介绍，系统地呈现了其在历史发展和文化进步中的价值。下面笔者具体阐述水书的发掘、整理、修复、保护工作。

在水书的发掘方面，其与契约文书的发掘具有一定的同质性，主要表现在详细分析其所处地域的外部环境因素、历史因素、自然因素及人为因素，并对其完整程度进行系统评估，从而为转运、整理、修复工作的有效开展提供客观和有利的前提条件，为其考古价值的充分体现提供重要的保障。在水书整理方面，要结合水书内容所富含的文化思想，以及按天文、地理、宗教、民俗、伦理五个领域进行系统分类，进而汇总水书文化对我国社会科学和文化科学领域发展所作出的贡献，充分体现水书的文化导向价值。在水书修复方面，要结合纸张的损毁程度、细菌侵蚀情况、纸张干湿程度、酸碱性等多方面进行系统评估，采用科学合理的技术进行纸张和字体的修复，以此确保水书文字能够得到高度还原。在水书保护方面，要对水书长久保存环境进行科学构建，其中包括储藏室、展览箱、脱酸消杀柜等，以使水书能够在理想环境下长久保存。

三、中国传统音乐声音档案

中国传统音乐声音档案是中国民间文献研究工作取得的一项伟大成就，包括诸多少数民族传统音乐和民间音乐声音，以及宗教音乐声音。其在彰显出历史作用与意义的同时，对发掘、整理、修复、保护工作提出了具体要求。这些也是笔者接下来阐述的侧重点，希望广大学者及研究人员能够从中得到一定的启示。

（一）中国传统音乐声音档案中的类别概括

现存的中国传统音乐声音档案涉及我国 50 多个少数民族的传统音乐和民间音乐，音乐和声音总长已有 7000 余小时，其内容主要反映各少数民族日常生产劳动时的情绪，是中国民间文献的重要组成部分之一。其具体分类如图 3-3 所示。

图 3-3　中国传统音乐声音档案中的传统音乐声音分类明细

通过中国传统音乐声音档案中的传统音乐声音分类明细图可知，中国传统音乐声音档案主要包括东北和内蒙古地区、西北和西南地区、中南地区、东南地区少数民族传统音乐声音，还包括道教、佛教等宗教音乐声音。档案中每个地区的少数民族传统音乐和民间音乐声音都独立成章，阐释了每一个少数民族音乐文化形成与发展的背景、类别、形态特征，以及与劳动人民生活之间的关联性，是中华民族民间艺术发展的真实记忆。

（二）中国传统音乐声音档案的历史作用与意义

目前被发掘出的传统音乐声音已于 1997 年收录至《世界记忆遗产名录》之中，其文化价值和艺术价值不言而喻，但其历史作用和意义还需要进一步挖掘。笔者接下来则以此为立足点，结合普适性保护理论中的内容以及核心观点进行深入的阐述。

在历史作用方面，由于中国传统音乐声音档案涉及的少数民族传统音乐声音和民间音乐声音较为全面，其旋律和歌词内容能够客观呈现人们在生产劳动过程中的情绪，能够让历史的大环境通过音乐和声音的形式变得更加直观。这显然能够反映我国各个历史时期社会发展的真实状态，以及历史发展的一般规律，有助于客观判断中国社会发展的进程。在历史意义方面，音乐声音向人们传递的往往是心绪，是自身情感的真实流露，是对美好事物的一种精神寄托。所以，中国传统音乐声音档案本身的历史意义在于使人们的渴求得以表达，而其实现的过程恰恰也成就了历史的发展与社会的进步，这显然是其在历史和社会层面给我国当代民族发展所带来的启示，能够让文化与艺术引领民族发展的作用更加具体化。

（三）中国传统音乐声音档案的发掘、整理、修复、保护工作

中国传统音乐声音档案中的民间文献遗产的发掘、整理、修复、保护工作与其他类型文献遗产存在明显的不同。由于音乐声音包括有形和无形两个部分，所以各个环节的工作必须具有高度的针对性。

在中国传统音乐声音档案发掘方面，不仅要对民俗文化进行深入的了解，还要广泛搜集流传过的民族音乐声音和民间音乐声音，确定文献遗产的位置和形式，并对其完整性进行评估，为整理、修复、保护工作的全面开展创造理想的条件。在中国传统音乐声音档案整理方面，要结合历史文化背景对传统音乐的源流、类别、形态特征进行分类，充分反映文献遗产与生活的关系。在中国传统音乐声音档案修复方面，要从文献载体的复原或转移，以及声音的录制和降噪等多个方面，将文献遗产进行最大限度地修复，并将其以视听的形式直观地呈现出来。在中国传统音乐声音档案保护方面，主要针对文献遗产的内容、存放方式、存放环境、介质类型、机器设备五个方面，打造理想化的保存空间，确保空间范围内温度与湿度、浮尘指数达到严格要求，并且使细菌和微生物达到检测标准。

四、民族史诗

民族史诗是一个民族精神面貌的象征，也是一个民族的文化图腾，民族发展的精神动力。而民族史诗往往遗留在民间，是广大劳动人民的智慧象征。因此，民族史诗作为民间文献遗产的重要组成部分，其历史作用和意义极为深远。

（一）民族史诗的类别概括

民族史诗具有数量多、体量大、形态多样的特点，具体类别如图3-4所示。

《亚鲁王》	《黑暗传》	《玛纳斯》	《格萨尔》
有史以来第一部苗族长篇英雄史诗，记录了西部苗人创世与迁徙征战的历史。	神农架林区及周边地区的一部汉民族史诗，于1984年发现，曾受到国内外学术界的重视。	新疆克孜勒苏柯尔克孜自治州地方传统民间文学，是世界非物质文化遗产之一。	西藏、青海、甘肃、四川、云南、内蒙古、新疆地区地方传统民间文学，是世界非物质文化遗产之一。

图 3-4　民族史诗类别划分

从民族史诗的类别划分不难看出按照地域划分，我国民族史诗主要包括南方与北方两个部分：北方的突厥族和蒙古族都有本民族的史诗，南方的壮、侗、傣、彝、苗、瑶、藏、缅等民族同样有自己的民族史诗，但是目前研究者对它们的现存数量上并不能做出准确的估计。按照整理情况划分，我国民族史诗主要包括大型民族史诗与非大型民族史诗两种，其中最具代表性的莫过于藏族史诗《格萨尔》、蒙古族史诗《江格尔》、柯尔克孜族史诗《玛纳斯》。它们为我国民俗学、人类学、民族学等领域的发展提供了强有力的史料支撑。

（二）民族史诗的历史作用与意义

通过深入解读当前我国已发掘和整理出的民族史诗，可以发现民族史诗本身的资源极为丰富，其规模在数量上非常惊人，代表作如《亚鲁王》《格萨尔》等，其内容更是呈现出了"体大思精"的特点，能够反映出某一历史时期文化、人文领域的发展现状，为当今社会的发展提供有力的依据。

一部民族史诗往往是一个民族的发展史，能够体现一个民族在文化领域、社会领域、人文领域所取得的成就，能够为当今社会文化、人文领域的发展提供参照。这无疑是民族史诗在当今社会乃至未来社会发展中的历史意义所在。

（三）民族史诗的发掘、整理、修复、保护工作

上文明确指出民族史诗是我国民间文献遗产中不可缺少的一部分，其由于数量之多、类型之丰富、历史作用与意义之深远，必须受到高度的重视。而这也对民族史诗发掘、整理、修复、保护工作提出了具体要求。

在民族史诗发掘方面，必须高度关注少数民族地区历史文化的渊源，这样才能探明民族英雄史诗群。在不同历史时期，少数民族地区战乱纷争不

断，因此孕育了很多民族英雄史诗。这些显然都是中华民族光辉灿烂文明的象征，也是中华民族文化得以发展的动力所在，将其视为重点关注对象，能促进中华民族文化遗产的深度发掘。在民族史诗整理方面，要根据民族史诗的题材和类型，有针对性地整理相关资料，并进行合理划分，确保题材和类型能够充分反映我国民族历史发展的进程和特点，为民间文献遗产的永久传承提供强有力的保障。在民族史诗修复与保护方面，其与契约文书、水书等文献遗产修复与保护在理念和流程上具有高度的相似性，确保民族史诗的内容和历史感更加直接地呈现在世人面前。

可以看出当前我国民间文献遗产研究工作取得的辉煌成就，并且其在历史作用和历史意义方面也进行了深入挖掘。更值得关注的是，当前民间文献遗产研究已经积累了一定的经验，对当今时代以及未来社会发展的影响较为突出。下文会对此进行具体的分析与阐述。

第三节　不同类别民间文献遗产对乡村社会的影响

乡村社会是我国民间社会环境的主体，诸多民间文献遗产都出自我国乡村。前文中阐述的多个文献遗产项目都来自乡村，对我国乡村社会的发展起到了积极的影响作用。在当今我国乡村振兴战略实施的大背景下，不同类别的民间文献遗产直接影响乡村社会的发展。本节以此为视角进行具体的分析阐述，如图3-5所示。

图3-5　不同类别民间文献遗产影响我国乡村社会发展的体现

从图3-5中可以看出，不同类型民间文献遗产对我国乡村社会发展的影响作用体现在文化、经济、人文三个方面。

一、呈现乡村文化发展的多元化

文化价值无疑是文献遗产价值的根本所在,民间文献遗产更是如此。通过发掘、整理、保护、管理民间文献遗产确保其文化价值长久保持就能够充分证明这一观点。由于不同类型民间文献遗产出自民间各个地域,绝大多数民间文献遗产都会带有明显的乡土气息,让乡村文化发展的多元化尽显无遗,这充分体现了不同类别民间文献遗产对乡村社会的重要影响。其主要表现可分为以下三个方面。

(一)在更深层次孕育民族文化传承的内涵

民族发展的实质就是民族文化传承的过程。在中华民族发展史上,乡村文化具有坚实的群众基础,为民族发展提供了强劲的动力,诸多不同类型的历史文献材料也出自乡间地头,成为流传至今的文化经典。它们之所以被称为"经典",是因为不同类型的民间文献材料反映了基层劳动人民的智慧,并且能够展现中华儿女美好生活的期盼,虽然因历史背景不同期盼的高度也有所不同,但其目的都是一样的。"和谐""稳定""平安"始终是中华儿女发自内心的渴望,这充分体现了民族文化传承的深层次内涵,也客观反映了不同类别民间文献遗产对乡村社会的影响。

(二)民族心理的集中反应

我国自古就是农业大国,所以乡村文化是中华民族传统文化的重要组成部分,诸多民间历史文献资料都出自乡村。另外,我国地大物博,乡村文化呈现出明显的地域色彩,如不同地域宗教类文献遗产客观反映了人们对美好生活的向往等,这也造就了其独具一格的地域民族特色,故而诸多出自乡村的历史文献资料,普遍具有集中反应民族心理的作用,这无疑体现了从古至今乡村文化发展的多元化,也充分说明了不同类别民间文献遗产对乡村文化多元化发展的影响。

(三)民俗民风的客观呈现

民俗民风,指的是在某一社会文化区域范围内,人们自愿遵守的行为模式的总称,是对民间社会风气的一种诠释。其中,文化区域是民俗民风的载体,行为模式是民俗民风的直观体现,使富含地域民族特色和文化特色的行为活动更加直观地呈现出来。民间文献遗产出自民间,乡村社会又是民间的根底，所以民间文献遗产向人们传递的是客观、全面的民俗风情，是民俗在各个历史时期和乡村文化发展大环境中的集中呈现，其具备的历史价值和文化发展价值不言而喻。

二、呈现乡村经济发展的多元化

从我国的民间文献遗产的基本类型来看，契约文书无疑是重要的组成部分，在我国民间文献遗产中具有举足轻重的地位，能够呈现我国古代乡村经济发展的多元化特征，对乡村社会具有重要影响。

（一）房地产行业在我国古代乡村社会已经兴起

契约文书无疑是现存种类最多，体量最大的民间文献遗产，房屋和田地的租赁与买卖，这是当今房地产行业的基本雏形。前文已经明确"买卖契约""租佃契约"是关于田地、房产、阴地和林地的买卖、转让、租赁的契约，也是当前我国民间文献遗产中数量最大的两类契约。这充分说明房地产行业在我国古代乡村已经悄然兴起，对我国古代乡村经济的发展具有重要影响。

（二）信贷业在我国古代乡村社会已经形成

信贷业作为当今我国金融行业的重要组成部分，深刻影响着我国金融业和社会经济的发展，而在古代这一影响作用已经形成，并且拥有一套较为成熟的体系，普遍存在于我国古代乡村。这在我国民间文献遗产如"租赁契约"和"典当契约"中已经得到了充分证实。以典当契约为例，如图3-6所示。

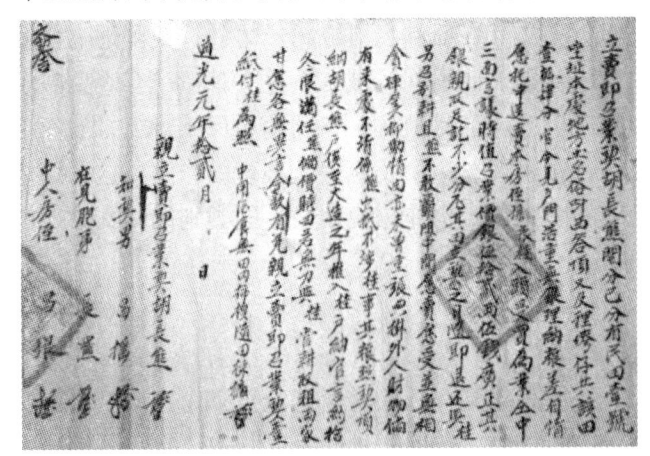

注：图片来自《闽东家族文书》

图3-6　南屏县长桥乡周佳山村胡氏家族契约文书

在图3-6中，虽然该文书字迹已经有一定的年代感，但仔细观察依然可以看出该契约文书是"典当契约"的一种，反映了同一块土地从绝卖田底权，到尽卖田面权，至最后卖断田底权与田面权的完整过程。这只是该家族典当契约文书中的一张，另有87张相关文书已经被《闽东家族文书》收集，由此可见我国典当契约体量之大，充分说明信贷业在我国古代乡村社会的繁荣发展，其经济价值不言而喻，是我国乡村经济发展多元化的直接体现，更是我国不同类型民间文献遗产对乡村社会影响的又一直观反映。

（三）银行业在我国古代乡村社会早已出现

结合我国当前现有的民间文献遗产的具体类型来看，在"契约文书"类的文献遗产中，能够发现我国古代民间已经出现了票据兑换业务。人们可以通过与钱庄签订的契约文书，去其他乡村的钱庄兑换钱款，这为提高我国民间社会经济的流动性起到了重要推动作用，同时繁荣了我国乡村经济。而乡村自古以来就是我国主要的社会形态，乡村经济的发展自然是我国民间社会经济发展的重要体现，也成就了我国古代和现代银行业的飞速发展。

三、呈现乡村人文环境的理想化

人文环境是社会的根本环境，民族风俗、宗教信仰、社会观念与态度是人文环境的基本构成因素。民间文献遗产固然来自民间，乡村无疑是我国民间环境的主体。前文明确了我国民间文献遗产体量较大，向世人传递的信息包含民族风俗、宗教信仰、社会观念与态度三个方面，故而民间文献遗产本身也具备反映乡村人文环境理想化的作用。

（一）民族风俗

乡村社会是基本的社会环境，乡村文化是民族文化的根本，民间文献遗产通常都具有民族代表性，而这也是民间文献遗产固有的文化魅力所在。文化魅力最为明显的表现莫过于民族风俗。由于我国幅员辽阔，各民族文化经历长期的传承与发展，各具特色。民俗风情中孕育了浓厚的社会科学和人文科学，在成就各区域民族发展的同时，促进了中华民族传统文化的发展。因此，遗留在民间的文献遗产能够充分反映民族风俗的形成，以及演变和发展过程，而这恰恰是乡村人文环境理想化的又一重要表征。

（二）宗教信仰

宗教信仰的核心在于"劝人向善"，为人们注入积极向上的价值观，是社会和谐发展不可缺少的精神动力。随着时光的流逝，宗教文化的初衷并没有改变，但是宗教思想教育人和引导人的方式发生了改变。在民间文献遗产中，宗教文化是不可缺少的一部分，其记录民间宗教活动发展过程的同时，呈现了中华民族乡村宗教文化的起源与发展，呈现了不同历史时期人们宗教信仰的发展历程，这显然是相关民间文献遗产影响乡村社会发展的具体体现，也是对乡村人文环境理想化的有力说明。

（三）社会观念与态度

社会观念与态度的形成过程极为漫长，通常能够反映出某一历史时期的社会变革与发展。因此，社会观念与态度能够考量某一历史时期人文环境是否理想。民间文献遗产可以充分诠释我国劳动人民在历史大环境下的生活态度，也能够体现劳动人民对某一历史时期的真实看法。文献遗产不仅具有真实性和客观性特征，也具有根本性和直接性特征。民间文化遗产充分说明了乡村人文环境发展的基本现状，让当代世人深刻意识到社会人文发展的一般规律，这无疑是民间文献遗产对乡村社会产生直接影响的具体体现。

综上所述，民间文献遗产能够有效反映乡村社会在各个时期的发展状况，为当今时代全面而又深入地了解民族发展史提供客观的史料依据，而且对其未来的发展具有重要的文化引领作用。这既是不同类别民间文献遗产对乡村社会的影响，又是乡村文献遗产的社会价值所在。

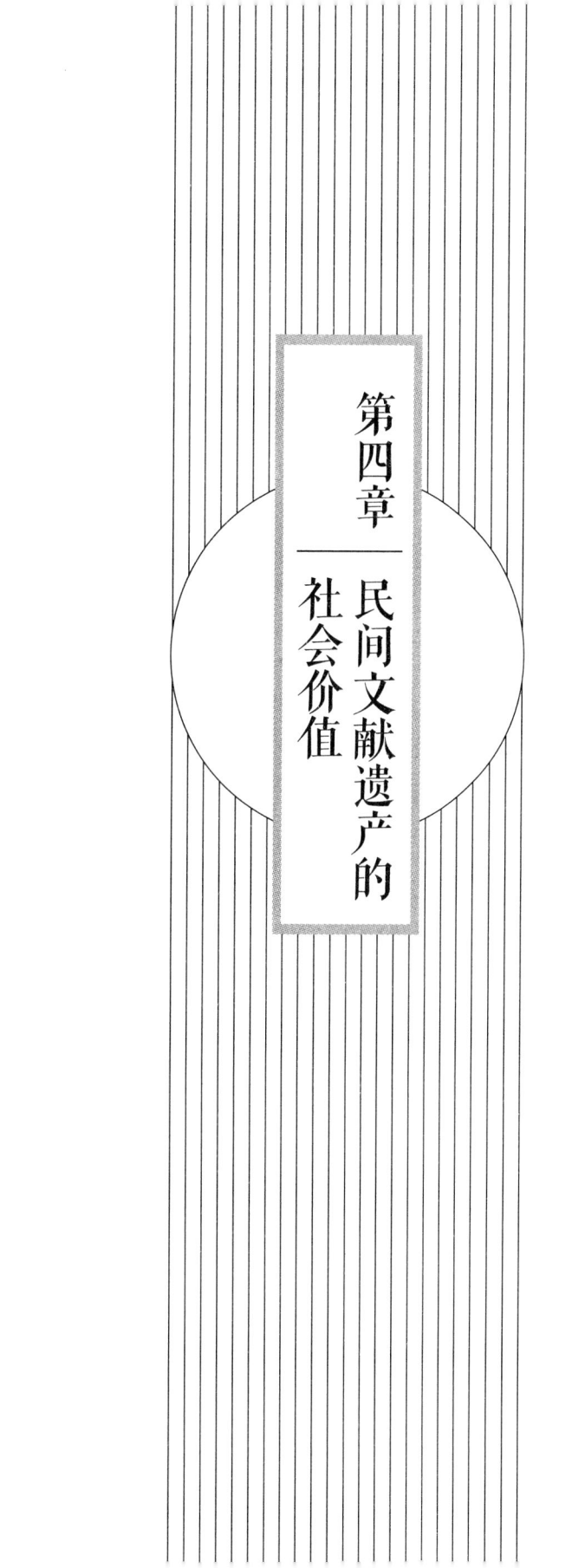

第四章 民间文献遗产的社会价值

文化是民族发展、社会进步、国家富强的核心动力，因为文化赋予一个民族"灵魂"，是民族的象征。要实现中华民族伟大复兴，必须将文化事业的全面发展置于首位。民间文献遗产研究工作在该时代背景之下得到了前所未有的发展，其发展进程也在不断加快。民间文献遗产的社会价值由此得到深层次的挖掘，为文献遗产研究工作的又好又快发展提供了动力。本章就以此为视角进行研究与探索，从历史文化层面、社会文化发展层面、艺术审美层面阐述民间文献遗产的社会价值。

第一节 民间文献遗产在历史文化层面的社会价值

对于一座城市来说，古建筑、古碑、古街、民间历史文献等承载着其发展的历史，而要延续、保护好城市的历史文化，就需要法律的完善。2015年3月，第十二届全国人民代表大会常务委员会第三次会议通过的新修订的《中华人民共和国立法法》，赋予设立区的市地方立法权，使其可以对城乡建设与管理、环境保护、历史文化保护等方面的事项制定地方性法规，这为进一步加强历史文化保护创造了有利条件。遗产通常是指遗留下的财产，民间文献遗产是指久远的历史为当代社会遗留的文献资料，是社会文化事业发展的宝贵财富和珍贵资源，以最直接的方式揭示社会最原始的历史形态，为研究我国历史和文化提供有利的史料，为我国文化事业始终保持又好又快的发展态势提供重要支撑。本节就以此为视角进行深层阐述。

一、以最直接的方式揭示社会最原始的历史形态

民间文献遗产所呈现的信息，记录了劳动人民在历史社会中的创造力、想象力、情感抒发的方式，能够揭示社会最原始的历史形态，对当今社会发展有着明显的借鉴作用。这一观点可以通过三个方面加以说明，如图4-1所示。

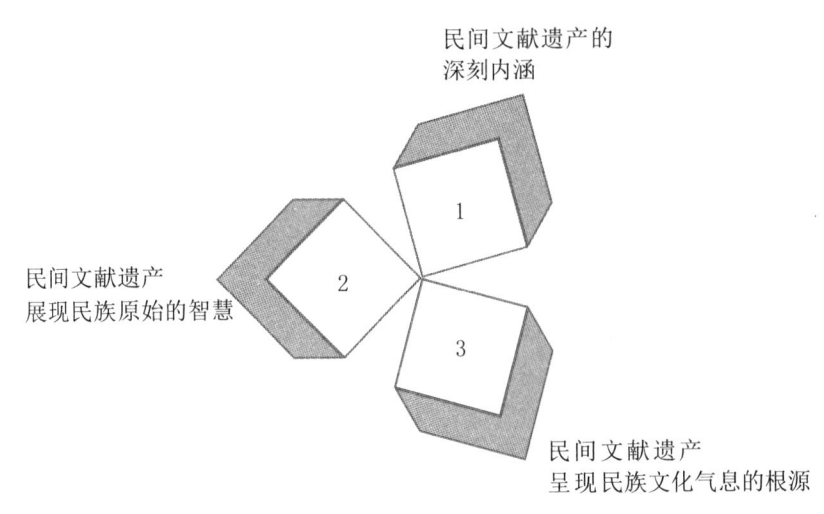

图 4-1 民间文献遗产揭示社会最原始历史形态的表现

通过图 4-1 所呈现的三个重要表现，我们可以看出表现的全过程具有一定的规律性。首先是富有深刻内涵，其次是民族原始智慧的展现，最后是民族文化气息的根源所在。

（一）民间文献遗产的深刻内涵

文献是指具有历史意义和研究价值的图书、期刊、典章。民间文献则包括狭义和广义两个层面。在广义层面，民间文献主要是指保存在民间，并且记载有历史文化信息的所有文献，它不仅包括书卷等载体，还包括贝叶、木刻、石碑、铜券（铁券）等载体，也包括流落在民间的官方文献。狭义的民间文献往往又指前者，本书主要以广义的民间文献为研究对象。

我们从当前已经发掘的和受到保护的民间文献遗产的基本分类来看，当前散落在民间的文献遗产主要包括契约文书、水书、中国传统音乐声音档案、民族史诗四类，它们向人们揭示了文字、艺术、文学等人文领域最为原始的历史形态。所以，民间文献遗产不仅具有极高的历史价值，还具有极为突出的社会价值和文化价值，通常被认定为中华民族传统文化的瑰宝。

（二）民间文献遗产展现民族原始的智慧

在分析民间文献遗产深层内涵的过程中，笔者提到文献遗产历史价值、文化价值、社会价值较为突出，具体表现为人们对新事物的创造以及对社会情感表达方式的发掘，进而让民间文献遗产中的社会科学和人文科学淋漓尽致地展现出来，为促进我国深入研究人类的信仰、情感、道德，以及政治学、经济学、法学、社会学、民俗学、宗教学、人类学、文艺学和史学等学科提供最为直接、最有说服力的依据。

不同历史背景和环境下的民众都能创造出新思想和新事物，赋予各个历史时期真正的"灵魂"，让时代的车轮始终朝着正确的方向前进，最终成就当今时代中华民族的伟大发展。这充分说明民间文献遗产能够展现民族原始的智慧，是对文献遗产历史价值、文化价值、社会价值的具体诠释。

（三）民间文献遗产呈现民族文化气息的根源

文化气息承载着一个民族的文化底蕴，更是一个民族文化气质和民族精神的彰显。民间文献遗产所呈现出的文化气息具有基础性、大众性、直观性三个基本特点，能够反映民族文化气息的根源，更能直观体现民族文化气质和民族精神。

我国现有的民间文献遗产涉及文字、艺术、文学等多个领域，在体现民族智慧的同时，表达了人们对美好生活的向往，由此让历史的车轮始终朝着人们向往的方向转动，进而形成了社会的更迭和历史的发展，逐渐形成了中华民族"和为贵""德为先""礼为上""仁为峰"的文化气息，这显然也是中华儿女道德品质的根源所在。

二、为研究我国历史和文化提供了有利的史料

从历史观角度出发，"史料证实"作为客观评价历史发展的基本前提条件之一，是人们客观认知历史发展规律，正确判断历史发展未来走向的重要依据。民间文献遗产作为承载历史文化信息的载体，能为研究我国历史和文化提供有利的史料，为中华民族永续发展奠定坚实的文化基础。

（一）民间文化艺术发展历程的深度认知

民间文化艺术是民族艺术的重要组成部分，也是艺术领域的重要分支，是劳动人民在生产劳动和日常生活中直接创造的，并且具有流传的广泛性和艺术的直观性两个基本特征，能够反映劳动人民对社会的真实感悟与看法，更能体现社会及文化的历史发展规律和进程。正所谓文化是民族发展的重要内驱力，民间文献遗产是民族文化遗产的重要组成部分。了解民间文化艺术发展历程能够为深层次研究我国历史和文化发展提供珍贵史料。

具体而言，从上文中提到的契约文书、水书、中国传统音乐声音档案、民族史诗，以及文字艺术、音乐艺术、文学艺术在不同历史时期的特点与演

变，可以总结出民间文化艺术发展的总体规律。要按照这一发展规律去判断新时代民间文化艺术发展的大潮流与大方向，让优秀传统文化中所蕴含的文化思想和审美视角引领当代乃至未来人们对文化的正确理解，从而为中华优秀传统文化的传承和弘扬提供强有力的现实依据，让中华民族社会文化的发展切实地回归本真。

（二）真实反映社会科学与人文科学的历史变革

社会科学涉及语言、文字、历史、哲学方面的发展，人文科学涉及人类的信仰、情感、道德、审美方面的发展。随着历史车轮的飞速转动，这些方面都在不同历史时期在不同程度上发生了变革，这些变革显然只有通过真实的历史材料进行还原，才能更加清晰、客观、准确地呈现在人们面前，为当今时代及未来社会的发展提供参考和借鉴，更为社会文化的进步提供更加有力的说明。民间文献遗产正是充分反映上述各个方面的有利条件之一。

在当前我国已经发掘出的民间文献遗产中，契约文书、水书、中国传统音乐声音档案、民族史诗反映了不同历史时期的社会背景，以及人们生存的大环境，不仅让当代人深刻体会到各个历史时期人们思想观念、价值观念、道德观念、历史观存在的共性与异性特征，而且反映出社会科学与人文科学发展的历史规律，还客观呈现出社会科学与人文科学领域应该在哪些方面不断加强，以确保社会文化大环境始终保持理想状态，让优秀传统文化在民族复兴道路上进一步发挥引领作用。

（三）群众智慧结晶的溯源

前文已经指出当前我国现存民间文献遗产主要包括契约文书、水书、中国传统音乐声音档案和民族史诗四大类。其中，现存契约文书数量较大，并且种类繁多，是人们契约观念形成的起源，更是中华民族民间私法的主体所在，是民族个体权利意识和义务意识逐渐形成的历史表现形式。这些显然都是群众智慧的结晶，更是我国珍贵的文化遗产。中国传统音乐声音档案收录了我国各民族民间音乐声音，以及宗教音乐，是中华儿女在不同历史环境和背景下，在生产劳动和生活中的心绪表达，其表达方式不仅体现了极强的艺术感，更体现了创新性，是民间智慧的结晶，并且已经被联合国教科文组织评为"世界的记忆"。民族史诗作为我国民间文化的百科全书，虽出自民间却充分反映了社会历史、阶级关系、民族交往、道德观念、民风民俗、民间文化，所以被称为我国传统文化中的瑰宝，更是中华民族智慧的结晶。水书具有强烈的民族色彩，内容包括天文、地理、宗教、民俗、伦理、哲学等多个方面，被认定为象形文字的"活化石"。充分体现了社会发展中群众所积累的生活智慧，为深入了解我国历史和文化发展历程，以及未来文化发展提供了真实的历史资料。

三、为我国文化事业始终保持又好又快的发展态势提供重要支撑

文化事业的发展是时代进步的重要标志。中华民族已经进入实现民族伟大复兴的历史新阶段，文化事业在其中发挥着不可替代的支撑作用，又好又快地发展文化事业显然是最基本的要求。而民间文献遗产作为中华优秀传统文化的重要组成部分，为我国文化事业始终保持又好又快的发展态势提供了重要的支撑，也进一步展现了其自身的历史文化价值。

（一）文化强国道路上最根本的支撑条件

"文化强国"是实现中华民族伟大复兴和建设新时代中国特色社会主义现代化国家的必由之路。其中，民族传统文化的传承与弘扬是重中之重。民间文献遗产所揭示的民族智慧、民族文化艺术、社会与人文发展具有启发作用，在使我国文化事业始终保持又好又快发展的同时，使我国在建设社会主义现代化强国的道路上始终保持强劲的文化动力。

文化强国的根本在于全面提升群众的文化意识，让群众深刻感知中华民族传统文化的思想与内涵，进而树立正确的思想观念、价值观念、道德观念，营造理想的社会发展大环境。民间文献遗产记录的都是民间文化的点点滴滴，有利于广大群众理解和接受，其艺术性和智慧性能够引起广大群众的共鸣，从而确保国家与民族文化认知水平和文化意识的整体提升。这也充分说明民间文献遗产在文化强国道路上有着极为突出的历史文化价值。

（二）中国特色社会主义先进文化不可缺少的组成部分

中国特色社会主义先进文化是中国社会文化发展的时代象征，指引着中华民族未来发展的大方向，是实现中华民族伟大复兴的文化基础。中华民族历经五千多年的发展，其文化思想、文化理念、人文精神的先进性不言而喻。放眼未来，中华民族实现伟大复兴必须有先进的文化思想、文化理念、人文精神作为指导，以史为镜方可明确未来发展之路。民间文献遗产是对我国民间历史的追溯，是中国特色社会主义先进文化的重要组成部分。

中国特色社会主义先进文化是新时代中国特色社会主义现代化强国建设

的精神动力,更是中华民族实现伟大复兴的动力之源。中国特色社会主义先进文化以中华民族五千年文明史的凝练为核心,熔铸了中国特色社会主义的实践经验。民间文献遗产蕴含着中华儿女历经各个时期的智慧和经验,其文化思想和智慧成果具有先进性,能够为中国特色社会主义先进文化的建设与发展提供支持。

(三)坚定广大群众文化自信的有利条件

文化自信是民族优越感的直观体现,是民族自豪感的重要象征。对此,坚定广大人民群众文化自信成为当今我国文化事业始终保持又好又快发展态势的一项重要任务,更是全面建设新时代中国特色社会主义现代化国家的一项重要使命。广大人民群众文化自信全面提升的根本前提是对民族文化内容的广泛认知。民间文献遗产呈现的文化内容与内涵直观,并且具有文化熏陶与文化引导功能,为坚定广大人民群众的文化信念、理想信念、民族精神提供强有力的文化支撑。

伴随党的十九大胜利召开,中华民族迈向全面建成小康社会和全面夺取新时代中国特色社会主义伟大胜利的新阶段。坚定广大人民群众的文化自信至关重要,而民间文献遗产的历史文化价值也会在当前历史发展新阶段得到充分体现。

综上所述,民间文献遗产具有明显的历史文化价值,不仅能揭示最为原始的历史形态,还能为研究我国历史和文化提供有利的史料,更能为我国文化事业始终保持又好又快的发展态势提供重要支撑。这也充分说明科学而又系统地开展民间文献遗产研究工作的现实意义和时代价值。

第二节 民间文献遗产在社会文化发展层面的社会价值

民间文献遗产的价值集中体现在促进社会文化发展方面。社会文化是指以社会意识形态为主要内容的观念体系。社会文化的发展是社会意识形态具体表现。民间文献遗产充分表达了不同历史阶段全社会在发展层面的诉求和取得的成果,有利于人们客观认知社会发展的一般规律,所以民间文献遗产的社会文化发展价值极为突出。

一、体现社会文化发展历程的光辉与荣耀

民间文献遗产记录着基层民众的日常劳作与生活,其之所以具有极为突出的文化价值,是因为其能够促进社会的和谐发展,并且能够引领社会的未来发展。因此,民间文献遗产社会文化价值的根本体现就是社会文化发展历程的光辉与荣耀。

(一)回首过去:发现民间传统文化的美好

回首过去方知当代发展,知晓当代发展方可明确未来发展方向,促进民众树立正确的民族精神。民间传统文化所孕育的民族精神如图4-2所示。

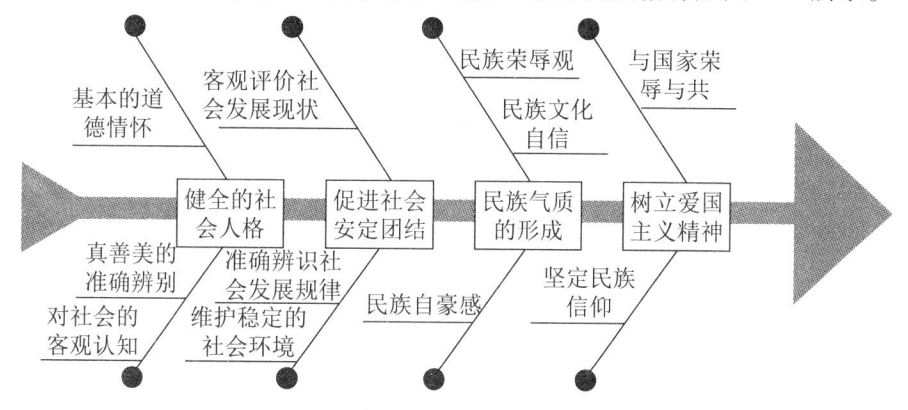

图4-2 民间传统文化所孕育的民族精神

从图4-2可知,民间文献遗产研究工作以全面解读和呈现民间传统文化的美好为根本,为当代和未来的发展提供文化驱动力,所以回首过去发现民间传统文化的美好是激发未来社会文化发展动力的前提条件,从中可以体会社会文化发展历程中的光辉与荣耀。例如,中国传统音乐声音档案收录了我国各民族的传统音乐,其旋律不仅体现了基层民众的审美视角,反映了各个历史时代人们生活的状态以及社会发展的基本现状,也说明了中华民族在各个历史时期所取得的成就,在坚定民众文化自信的同时,揭示了当今时代发展的方向,进而促进社会文化的全面发展。回首过去发现民间传统文化的美好,能够为现代社会的发展提供不竭的思想动力,发挥文化对社会发展的引领作用。

(二)审视当下:表达文化精髓的历史传承

从当前我国民族文化发展的大背景、大环境、大趋势出发,优秀传统文

化所蕴含的思想已经在广大人民群众心中根深蒂固。基层民众日常生产与生活都依托传统文化所伴随的经验来开展,思想与道德底线较为坚固。从这一层面来看,民间传统文化的继承与发扬效果较为明显。但从根本层面来看,民间文化的传承离不开民间文献遗产所带来的直接与间接影响,其深层次地影响着人们对文化精髓的历史传承。

从民族史诗对当代社会的影响来看,少数民族所信仰的民族英雄对基层民众思想的引领与激发作用极为明显,不仅发挥了榜样与带头作用,更成为民族发展的"图腾";不仅是历史的符号,更是激励现代人的精神动力,让世世代代的中国人都能引以为豪,对民族文化的发展以及社会文化的进步发挥强有力的推动作用,增强了民族的意志力,提升了民族的气质。这无疑是民间文化发展历程中光辉与荣耀的具体体现,更是民族文化自信的基本象征。

(三)追梦未来:明确传统文化弘扬的新方向

放眼未来,中国社会文化的发展之路在于建设新时代中国特色社会主义先进文化,其中民族优秀传统文化作为最基本的文化底蕴,引领着未来社会文化发展的潮流。传统文化所起到的基础性和根本性作用更是不言而喻,民间文献遗产作为中华民族文化遗产的重要组成部分,也能明确民族传统文化弘扬的新方向。

例如,契约文书明确阐释了各种交易活动的规范,并且随着时代的发展在无形中形成了心理契约,而这种心理契约显然促进了我国不同历史时期社会经济的发展与进步。进入现代社会后,契约文书虽然已经不被各种交易所奉行,但"合同"已经成为规范交易行为、促使各方履行职责的书面规范。在未来社会发展的道路上,会出现更具代表性的新生事物,而这些新生事物所蕴含的文化底蕴恰恰与民间文献遗产密不可分,是传统文化弘扬的新方向。

二、突出民间文化历史传承的先进性

民间文献遗产记录着我国民间文化的发展历程,是我国传统文化在各个历史阶段的重要组成部分。民间文化得以传承,并成为当今民间文献遗产就说明了其文化思想具有高度的先进性,它不仅对古代社会文化发展起到至关重要的推动作用,更对未来社会文化又好又快发展起到引领作用。

(一)民间文献遗产涉猎范围极为广泛

上述有关我国文献遗产的主要类别划分,充分体现了我国民间文献遗产涉猎范围的广泛性。其与社会基层民众日常生活息息相关,这不仅体现在文艺方面和房屋、田地的交易方面,也体现在婚丧嫁娶等民俗礼仪方面,记录着中华民族从发展走向发展,从辉煌走向辉煌过程中的点点滴滴,印证着民族的发展与社会的进步,是民族智慧与文化的结晶。

从当前我国保存完整和已经修复的民间文献遗产来看,文艺方面主要体现为民族音乐及宗教音乐。房屋、田地的交易方面主要体现为契约文书。契约书表达了基层民众在田产、房产、阴地买卖过程中形成的心理契约,更向当代人表达了历史经济发展的缩影。婚丧嫁娶等民俗礼仪方面主要体现为水书,它包括婚丧嫁娶活动中的风俗习惯,展现了人们心理和思想上的美好寄托。这些充分说明我国民间文献遗产涵盖基层民众生产生活的方方面面,其广泛性不言而喻。

(二)民间文献遗产对真实历史社会的还原

民间文献遗产之所以称为"遗产",是因为它是历史社会发展留给当代社会的宝贵财产,也是现代人的精神财富。现代人研究民间文献遗产就是要了解历史,了解不同社会背景下基层民众的日常生活状态,以及生产与生活方式,并从中找出民族发展的一般规律,引领现在和未来的民族发展。对此,民间文献遗产研究过程的实质就是还原真实历史社会的过程,更是体现民间文化历史传承的过程。

以水书为例,其作为我国现存的古老的文字记录形式,具有"活动的甲骨文"之称,记录的内容是水族婚丧嫁娶的民俗活动,向现代人揭示了我国基层劳动人民的日常生活状态。风俗习惯向世人传递着各种美好的期盼,让人们内心最真实的追求能够拥有一份精神寄托。真实的历史社会状态随着人们对水书的深入研究得到了还原。随着时代的发展,水书中记载的事项在现代社会中依然或多或少地存在着,虽然婚丧嫁娶的民俗习惯在表现形式上有所差异,但是人们各种美好的期盼却没有改变。

(三)民间文献遗产印证全民族智慧的汇聚

民间文献遗产所包括的主要文献遗产项目记录着基层人民大众的生活智慧和劳动智慧。其中,无论是民族传统音乐方面,还是宗教音乐方面,甚至是田地、房产交易等方面，都让当代人感受到古人智慧的伟大，促进了历史社会的全面发展，更能为未来社会的又好又快发展奠定智慧层面的基础，这也是民间历史文化先进性得以传承的直观表现。

在民族传统音乐方面，音乐素材来自人们日常劳作过程的总结，旋律通常是对自己心境的一种表达，能让内心快乐或压抑的感受彻底释放出来，这显然也促进了当今时代民族音乐的发展。另外，契约文书充分体现了中国历史社会人们的契约观念。久而久之，人们在从事各项交易活动的过程中，产生了心理契约，而这一契约流传至今，催生了当今社会人们各项交易活动中的"合同"。这些显然都是全民族智慧的汇聚，更是我国民间传统文化先进性得以传承的又一典范。

三、指明社会文化发展的未来方向

社会的永续发展关键在于社会文化的可持续性。民间文献遗产作为我国优秀传统文化的重要组成部分，直接表达了群众智慧，这也正是民间文献遗产的社会价值和文化价值的根本体现。因此，民间文献遗产的研究注定能够指明社会文化未来发展方向。

（一）印证新时代中国文化的发展始之于民

"智慧从群众来"是我党在社会主义发展道路中总结出的一条重要经验，已经在实践中得到了充分证实，所以该经验的实践基础极为坚实。从中华民族传统文化发展的角度出发，文化的传承不仅体现在文化发展理念和文化思想层面，更体现在总结与传承的实践层面。而实践往往来自基层民众，来自他们对生活的感受和向往，来自他们在生产劳作过程中所总结出的经验，这是时代发展与进步的宝贵精神财富与实践财富。

以当前我国民间文献遗产研究工作在契约文书项目中所取得的研究成果为例，契约文书的内容多以耕地、山林、房产、阴地买卖或转让以及婚姻中达成的共识和应履行的责任与义务为主。契约文书的规范性较为突出，并且具有一定的法律效应。随着时代的发展，在当今社会的耕地、山林、房产、阴地买卖或转让中，契约文书逐渐演变成了交易合同和转让合同，婚姻的文字契约也以介绍信和官方机构出示的证明为主，其规范性不言而喻，法律效力得到进一步彰显。这显然为社会安定、和谐发展提供了智慧，使"智慧在民间"淋漓尽致地展现出来，也使未来社会文化的发展方向更加明确。

（二）民间智慧结晶的时代引领作用极为突出

文艺、经济、人文类民间文献遗产是民间文献遗产的主体。其中，文艺类民间文献遗产体现了我国各个历史阶段基层民众的艺术审美和心绪的表达，经济类民间文献遗产体现了人们生产劳作和各种交易活动中的行为规范性，人文类民间文献遗产体现了民俗、民风两方面，都具有一定的时代代表性，因此完全可以被称为民间智慧的结晶。随着时代的发展，中华民族伟大复兴事业已经成为中华儿女一项共同的使命，必须以民间智慧结晶为基础，引领全民族的发展。

水书的《二十八宿卷》《时辰卷》《方位卷》向世人揭示了计算时间的经验，并且在天文研究中的作用非常明显。虽然当今社会乃至未来社会计算时间的方法更加依赖科学技术，但是古代社会人们的智慧显然成就了中国天文历法的发展，在当时历史背景之下存在明显的先进性和代表性。中华民族的伟大复兴离不开科学技术的发展，更离不开智慧的支撑，因而民间文献遗产在时代发展中的引领作用极为突出，更在民族伟大复兴道路中发挥着不可替代的作用。

（三）为民族文化伟大复兴注入不竭的动力

纵观当今社会文化的发展进程，中华优秀传统文化的传承与弘扬对比发挥了强有力的推动作用。民间文献遗产记录了我国基层民众在各个历史时期的殷切期盼，也为各个历史时期的发展与进步起到了文化推动作用。在中华民族实现伟大复兴的道路中，民族文化复兴是最根本也是最关键的一环，要提高民间文献遗产的文化驱动力。

纵观民间文献遗产的文化底蕴，不难发现民间智慧和民间艺术高度汇集，成就了民族的发展。特别是水书、中国传统音乐声音档案、契约文书等文献遗产更是将民间智慧淋漓尽致地展现出来，其不仅为中华民族文化的伟大复兴提供了鲜明导向，为中华儿女更加智慧地建设一个伟大的新时代带来启示作用，为中华民族文化伟大复兴注入了不竭动力，成就一代又一代中华儿女未来的发展，以及民族与社会的不断进步。

综合本节所论述的观点，可以直观体会到民间文献遗产是加快社会文化发展的动力之一。其文化价值主要表现在能够展现不同历史时期民族文化所取得的辉煌成就，为当今社会文化发展带来启示，更能为未来社会文化发展提供有效的文化引领，为新时代中国特色社会主义现代化国家的建设提供重要的文化保障。这也是民间文献遗产研究工作的永恒目标和不竭动力。

第三节 民间文献遗产在艺术审美层面的社会价值

通常，人们对民间文献遗产研究工作的价值认知主要体现在文化的传承与发展层面，但这只是研究价值的表层，更深层次则体现在艺术审美层面，而这也正是民间文献遗产发掘、整理、修复、保护、管理工作的基本初衷。

一、民间文献遗产"艺术"与"美"的体现

民间文献遗产向人们传递的艺术价值是其他文化表现形式所不能代替的，其原因在于民间文献遗产本身更加贴合民众的生活实际，更能反映出不同历史大环境下人们的现实诉求，其艺术表现形式具有真实性和客观性，呈现出的"美"具有朴实无华的特点，"艺术美""文化美""社会美""智慧美"极为直观，也极为生动，能够引发世人深度的回味。

（一）民间文献遗产艺术特征的诠释

民间文献遗产作为我国传统文化的重要组成部分，能够真实反映民族发展历程中的智慧与人文情怀。其文化性与历史性不言自明，艺术性则呈现出多元化，艺术表现力更突出，具体表现如下三个方面。

客观与主观相统一。在民间文献遗产中，基层的民众能用最真实的情感表达对社会的满意度，但是在社会发展的自我认知层面通常会存在一定的主观性，所以客观与主观相统一是民间文献遗产的基本特征之一。

内容与形式相统一。现存的中国民间文献遗产的内容与表现形式体现出高度的统一性。例如，水书的文字记载生动形象，让内容本身的深层含义淋漓尽致地体现出来，真实地反映民族的发展与时代的进步，而这也是民间文献遗产最具代表性的艺术特征。

真、善、美的充分体现。民间文献遗产的内容普遍反映了与人为善、与社会和谐共生的主张。"真""善""美"的文化意蕴充斥其中，仿佛能够带领人们进入当时的历史情境之中，进而产生对其人文环境的极度向往，而这也是民间文献遗产艺术特征最真实的体现。

（二）民间文献遗产蕴藏的内在美

在前文中，笔者已经针对我国现有民间文化遗产的类别进行了简要概括，呈现的信息也极为明确，充分体现了我国民间文献遗产的历史价值和文化价值，是我国非物质文化遗产的瑰宝之一。民间文献遗产内在美的诠释路径如图4-3所示。

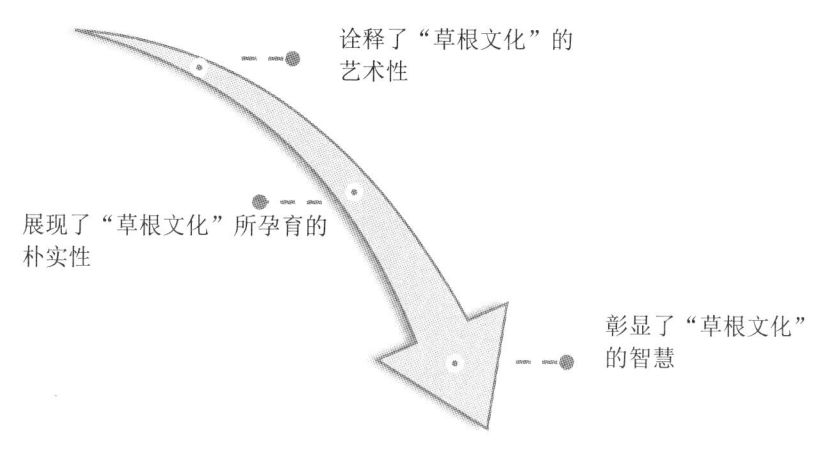

图4-3 民间文献遗产内在美的诠释路径

（诠释了"草根文化"的艺术性；展现了"草根文化"所孕育的朴实性；彰显了"草根文化"的智慧）

通过民间文化遗产内在美的诠释路径所呈现出的相关信息，不难发现民间文献遗产内在美的形成是源自社会基层，久而久之，它向人们呈现出明显的朴实性，同时还让人们深刻感受到社会基层劳动人民智慧的结晶，其内在美的深意随时间不断增加。需要特别强调的是，历史的延续离不开文化的传承。民间文献遗产可以称为"草根文化"的代表，其类型的丰富多样充分展现了人民大众在不同历史阶段的社会认知，以及对美好未来的强烈期盼，所以民间文献遗产蕴含的美具有时代意义。

以现存的民间文献遗产中的水书为例，其文字的表现形式充分体现了民族文化的起源，内容包括天文、地理、宗教、民俗、伦理、哲学等，是继甲骨文和金文后的文字，素有"文字活化石"之称。人们在浏览水书的过程中，最为直观的感觉就是人类智慧的伟大，"智慧美""艺术美""文化美"油然而生，水书颠覆了人们对现代美的认知，呈现出美的全面性和深层次，而这也正是民间文献遗产研究对内在美的深度挖掘。

（三）民间文献遗产"美"的表达方式

中国民间文献遗产向人们传递的信息非常明确，主要集中在文艺、人文、经济等多个层面，使人们能穿越时空感受当时的社会背景和文化背景，因此其在美的表达方式上有直接和间接两种。所谓的"直接"就是通过视觉冲击的方式，让人们感受到民间文献遗产的社会背景和文化背景，体会到民间文献遗产的"传统美"和"社会美"。所谓的"间接"就是用文献遗产中的文化代表性去烘托历史社会背景，引领人们感知民间文献遗产中的智慧，进而让人们发现民间文献遗产的智慧美，这恰恰是文献遗产"美"的表达方式中最为常见的一种。

例如，中国传统音乐声音档案项目中各民族音乐的旋律通常会勾起人们的思绪，引导人们发掘当时历史大环境下人们为什么会用该旋律去表达自己的内心，音乐的内容反映了当时人们怎样的生产生活状态，在联想的过程中体会当时社会背景和文化意境，进而总结出民间文献遗产的"意境美"。这显然让民间文献遗产"美"的表达方式变得更加间接，"美"的价值体现更加深刻，更加耐人寻味。

二、民间文献遗产"美"的视觉传达

"民族的就是世界的"经常被引用，最早应用在文化交流、传承领域，是文化特色相互兼容的代名词。然而民族文化的发展离不开人民，由此充分说明"民间的就是社会的"。社会的发展离不开民间传统文化。民间传统文化向人们传递的"美"更是意味深长，值得不断地进行深入探索与研究。正因如此，民间文献遗产中"美"的视觉传达必须得到高度重视和深度挖掘，而这也正是民间文献遗产研究工作价值的又一体现。

（一）民间文献遗产"美"的创造力体现

想必每一位学者无论是在民间文献遗产的发掘、整理、修复、保护、管理活动中，还是在日常生活中，耳边都时常会响起"高手在民间"等话语。这些话语体现了民间不仅是智慧的发源地，更是推动历史车轮前行的重要力量，创造出诸多令人难以置信的新事物。民间文献遗产源自民间，其"美"的创造力不言而喻。

在民间文献遗产中，水书的代表性尤为突出，其以原始宗教的各种密码作为文字，向世人传递各类信息，并且与人们日常生产生活息息相关。水书在书写形式上与古代文字书写并无异处，都是从右至左书写，全书没有任何标点符号，但是水书的书写多是以手抄、刺绣、木刻、陶瓷锻造为主，并且文字结构更为形象，充满了想象和创造力，进而使视觉传达的"美"也呈现极强的创造力。而这显然发挥了民间文献遗产传承民间传统文化"想象美"的作用,对民族传统文化中"美"的表达也更为直观、生动、具体。

(二)民间文献遗产"美"的感染力呈现

"美"的内涵通常被认定为漂亮和好看,这显然只是表层含义的"美",而并非深层含义的"美"。"美"的深层体现往往在文化之中,所以文化与美之间存在密不可分甚至千丝万缕的联系。中国民间文化作为传统文化的重要组成部分,向人们直观传递的"美",富有极强的感染力。

例如,《亚鲁王》《黑暗传》《玛纳斯》《格萨尔》等民族史诗让人们通过文字感受到民族英雄带领民族在发展中所付出的艰辛和取得的成功,体会到民族英雄的伟大和中华民族自古以来的民族气质。文献遗产本身赋予人们的就是文化的感染力,让文献中的"精神美"燃起人们在民族复兴道路上的热情,并将其视为本民族的图腾。这显然是民间文献遗产向人们深层次地传达"美"的内涵的具体方式之一,不仅充分体现出"美"的感染力,更充分说明民间传统文化所蕴含的独有品质,深层次表达民间文献遗产的艺术价值。

(三)民间文献遗产"美"的体验感体现

发现美和体验美的存在显然不是传统文化挖掘"美"的最终目的。体验传统文化所富含的美,并将其传承与弘扬下去,是传统文化深层次挖掘内在美的追求。其原因在于体验美的过程能够让个体甚至民族得到进一步升华,使民族的优秀气质能够实现永存,使民族文化的先进性能够始终引领民族未来的发展。面对已经开启的新时代中国特色社会主义现代化国家建设的新征程,文化复兴和文化强国显然是内核之一。民间文献遗产作为中华民族传统文化的重要组成部分,凸显美的体验感,恰恰是新时代传承中华民族优秀气质,彰显民族新形象的重要保证。而民间文献遗产研究工作也要以这一目标为使命。

例如,在代表性的民族史诗中,美的体现集中于"民族精神美",而这种内在的文化美需要人们用心去感知、去体会,穿越时空,感知当时历史环境和背景下民族英雄和人民的气节,体验民族史诗为什么能够成为民族不朽的丰碑,发现深层的文化内涵和民族精神之间具有怎样的联系,真实的历史画面能够跨越时空呈现在自己的面前,达到视觉直观的效果,民间文献遗产真正具备美的体验感。

三、民间文献遗产审美取向的正确引导

一个民族审美取向正确与否，直接影响这个民族未来的发展，其原因在于审美取向关乎人们看待事物的角度，审美取向存在偏差极容易导致人们难以从真善美的角度衡量社会发展，从而使社会大环境受到影响。民间文献遗产是有艺术和审美价值的史料的高度汇聚，具有正确引导人们审美取向的功能。

（一）发现民间文献遗产的文化美

时代的发展会使人们审美取向发生改变。社会文化的感染作用、熏陶作用、启发与引导作用如不能充分发挥，势必会导致现代文化与优秀传统文化之间形成矛盾，外来主流文化对民族传统文化形成冲击，民众审美取向形成偏差。民间文献遗产的发掘、整理、修复、保护、管理工作显然是有效抵御现代文化、外来文化对民族优秀传统文化冲击，确保民众审美取向保持正确的利器，故而发现民间文献遗产中所蕴藏的文化美正是民间文献遗产研究的又一艺术审美价值所在。

以中国传统音乐声音档案文献遗产保护项目为例，各民族音乐声音向人们传递的信号往往是积极、乐观、向上的，体现了民族和谐发展、其乐融融、安居乐业的社会大环境。它们随着历史车轮的转动逐渐成为历史记忆的一部分，流传至当今甚至未来。这些积极、乐观、向上的文化信号体现了历史发展进程中的和谐与美好，时代的发展需要这些和谐与美好的信号去支持。民间文献遗产无疑能够帮助当代人感受真正的文化美，进而为引领当代民众的正确审美取向提供支持。

（二）感受民间文献遗产的创造美

民间文献遗产向人们传递的信息远远不只体现在历史价值和社会价值两个层面，还体现在艺术与审美层面。前文已经针对艺术层面所体现出的价值和美进行了阐述，审美层面的价值体现则需要进一步阐述。对民间文献遗产的类型划分，向人们展示了民间文献遗产项目所涵盖的范围，表达了基层民众对社会发展的看法，并寄托着其各种美好的期望，也随之形成了具有民族性的大智慧和众多新鲜事物，使美的表达更加具有创造力，引导当代乃至未来人们对美的最初认知，并结合时代发展形成现代与传统相融合的时代美。

例如，凤阳花鼓作为中华民族具有代表性的民族音乐声音，随着社会文

化迈向多元化发展，在传统文化全面传承与弘扬的背景之下，已经出现了凤阳花鼓版 rolling in the deep。这既体现了传统文化的底蕴，出现又展现出现代文化的艺术风格，由此在全国范围内得到高度认可。民间文献遗产研究正是将这些具有民间色彩和传统文化底蕴的民间文化进行全面发掘、整理、修复、保护、管理，让当代社会文化发展始终能够拥有优秀的传统文化元素作为支撑，让当代乃至未来人们能够深刻感受到历史的创造美。

（三）正确发掘民间文献遗产的艺术美

民间历史文化承载着民族文化的发展，在历史发展进程中，文化的进步显然离不开民间历史文化的发展。对此，中华优秀传统文化的每一篇章都印刻着民间历史文化的闪光点。民族优秀传统文化中的艺术美显然与民间历史文化共存。民间文献遗产作为中华民族文化的重要组成部分，其艺术美的体现更是不言自明，能够为新时代大众审美取向提供正确引领。

例如，契约文书中语言表达的形式具有规范性，同时充分体现纸张页面布局的对称性，由此赋予了契约文书"公正"和"公开"的特性。但是从字里行间和纸张的页面布局来看，它颠覆了人们传统文字书写的模式，其页面布局更加清晰合理，给人一种焕然一新的感觉，因而艺术美在该文献遗产中得到了充分体现，并且影响了当今时代"合同"和"协议"的页面布局。这显然是民间历史艺术美得到正确发掘的有力证明，也是文献遗产本身艺术审美价值的另一种直观表达。

综合本节的论述，可以看出民间文献遗产在社会发展历程中不仅有着突出的艺术表现力，而且在引领社会审美取向方面的作用也极为明显，能够为当今中国特色社会主义先进文化的全面发展起到积极的促进作用。由此可见，全面、深层次、科学而又系统化地开展文献遗产研究工作，无疑要作为全面建设新时代中国特色社会主义现代化国家的一项重要任务。

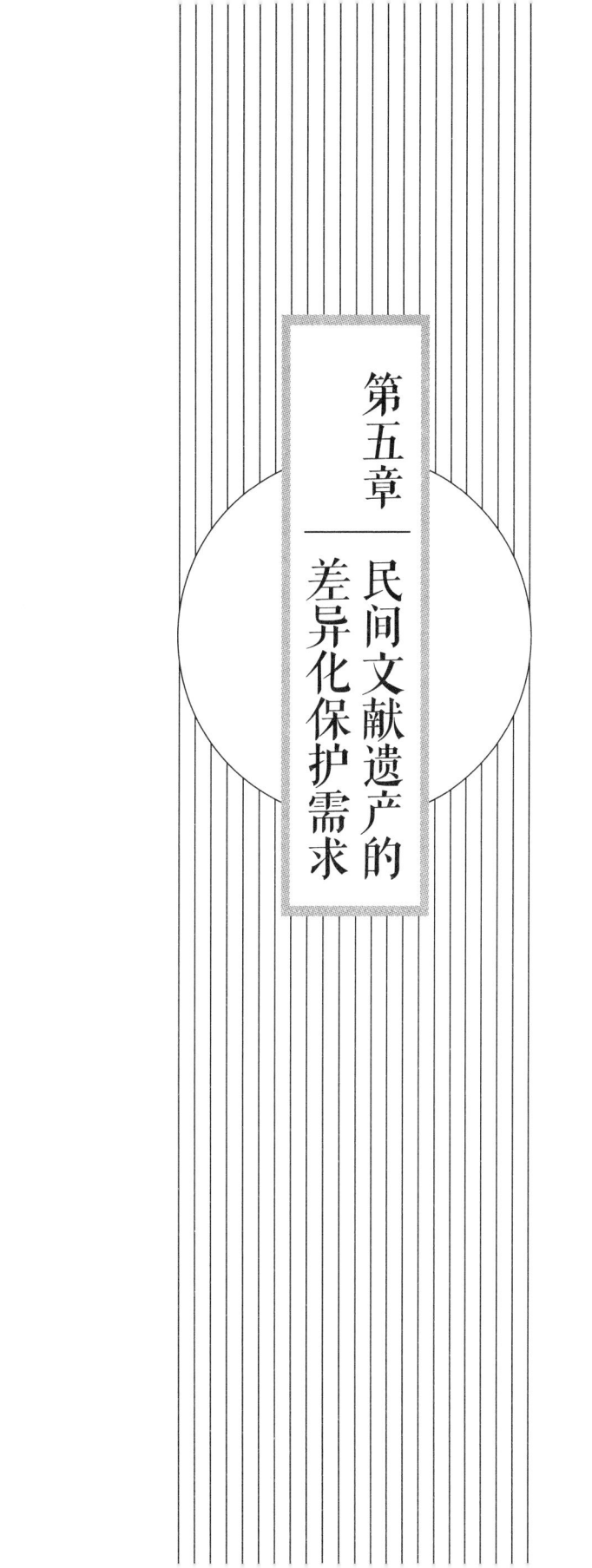

第五章 民间文献遗产的差异化保护需求

古语有言:"良将用兵如良医疗病,病万变其药理不变。"意思是好的将领打仗用兵就像好的医生为病人疗病,对症下药是根本,药方变化有千万种,但是药理却永远不会改变,良将用兵的过程也是如此。反观民间文献遗产研究活动,无论是发掘与整理工作,还是保护、抢救、管理工作,都需要结合实际,需要"对症下药",这样才能确保达到最为理想的效果,这正是民间文献遗产的差异化保护需求的集中表达,也是本章研究的主要内容。

第一节 结合民间文献遗产分类分析其特征影响因素

从普适性保护理论角度分析,民间文献遗产保护工作的开展完全可以称为一项系统工程,其原因在于中国民间文献遗产的分布较广,并且类别较为多样,历史年代感各有不同,所以实施文献遗产发掘、整理、保护、抢救、管理工作的方案也会有所不同。因此,做到尊重民间文献遗产之间所存在的不同差异,尊重其差异化的保护需求,制定具有针对性的发掘、整理、保护、抢救、管理措施就成为重中之重。首先应对民间文献遗产进行有效的类别划分,并明确每一类的具体特征,从中找出影响其永续保存的条件。本节立足这一思路进行具体分析。

一、民间文献遗产类别系统性概括

中国民间文献遗产保护工作全面开展的根本环节是真正做到"对症下药",这样才能达到理想的差异化保护效果,其中查询"病症"所在就成为根本中的根本。对现有的民间文献遗产进行类别划分,可以为分析不同类别的民间文献遗产特征提供较为扎实的基础。中国民间文献遗产类别划分如图5-1所示。

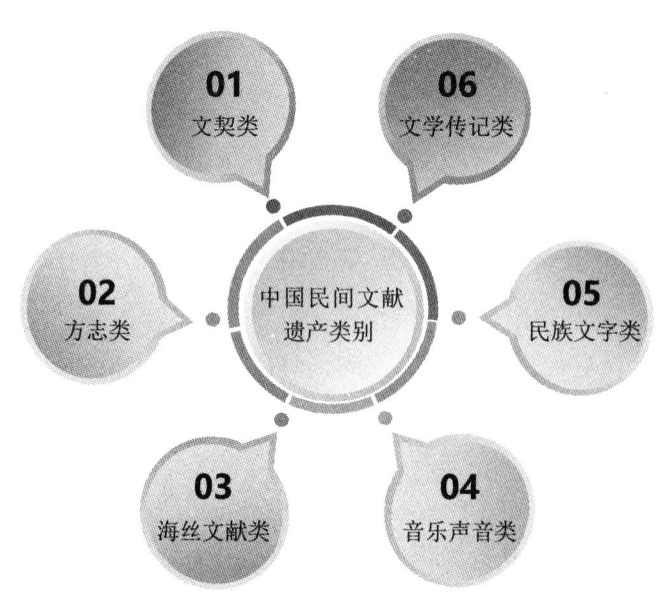

图 5-1 中国民间文献遗产类别

中国民间文献遗产主要由六大类组成,涉及文字、声音、文学艺术等多个领域,其中每一类民间文献遗产所包括的内容又十分广泛。

(一)文契类

在前文中,笔者将文契类民间文献遗产作为重点项目进行了阐述,明确指出其在我国社会发展中的价值所在,并且对该类文献遗产主要包括的契约文书进行了具体阐述。因此,此处重点阐述文契类遗产的数量等方面,揭示文契类文献遗产作为我国民间文献遗产重要组成部分的原因。我国现存文契类民间文献遗产数量惊人,仅锦屏契约文书总量就已经超过 10 万件。相关工作人员进行了初步的计算,发现在锦屏地区方圆 1600 平方千米内,现有保存完好的契约文书数量约 10 万件,保守计算每平方千米能够达到 60 件之多,几乎每家每户都可能存有契约文书,甚至有的家庭收藏不止一份契约文书。最早的契约可以追溯至清代康熙五十四年(1715),最晚的一份契约为 1950 年签订,这足以说明文契类民间文献遗产是中国民间文献遗产的重要组成部分。

(二)方志类

所谓"方志",是指记述地方情况的史志。现存的方志类文献遗产主要包括两种:一种是全国性的总志,另一种则是地方性的州郡府县志。元代之后诸多乡镇、寺观、山川也著有"志",如《南浔志》《灵隐寺志》等,其记录的信息较为宏观丰富,是研究历史及地理较为重要的资料。其中,一部分乡镇、寺观、山川所著的方志流落民间,经过发掘与整理后被纳入我国非物质文化遗产,也成为我国民间文献遗产的重要组成部分。

(三) 海丝文献类

随着我国海上丝绸之路的全面开启,关于海上丝绸之路文献遗产的研究工作也由此全面展开。我国无数学者投身海上丝绸之路文献遗产的发掘、整理、保护、抢救、管理工作之中,也取得了诸多研究成果,如文献整理现状方面、文献有效利用方面等。其中,学者王展妮以泉州地区为研究对象[①],就文献的收集与整理、文献的利用情况进行了深入的探索,明确提出当前我国海丝文献遗产保护的现状、面临的问题和有效解决对策,将海上丝绸之路文献遗产利用的难度和深度划分为三个维度。同时,她还提出很多文献遗留在民间,故而可以将其视为我国民间文献遗产的重要组成部分。

(四) 音乐声音类

音乐声音类文献遗产作为中国民间文献遗产中的重要组成部分,记录了我国各个历史时期民间音乐声音的起源与发展,并且通过文献资料表达了我国各个历史时期劳动人民日常生产劳动过程中的真实状态和心声。这些往往都是对各个历史时期社会大背景最生动的描述,不仅具有极为突出的文化价值,还有极为明显的艺术价值。因此,在中国民间文献遗产研究过程中,必须高度重视音乐声音类民间文献遗产的发掘、整理、保护、抢救、管理工作,为不断丰富我国民间非物质文化遗产提供有力保证。

(五) 民族文字类

在前文中,笔者已经对极具有代表性的民间文献遗产种类之一的水书进行了具体阐述,明确了该文献遗产所具有的文化价值、社会价值、历史作用与意义,同时将水书所涵盖的具体信息进行了深入解读,充分说明了水书作为中国民间文献遗产重要组成部分的重要原因就是其凝结着中华儿女的智慧。除此之外,摩崖文字等民间文献遗产的相继出现也对我国民间文献遗产

---

① 王展妮.泉州地区海上丝绸之路文献整理与利用研究[J].图书馆理论与实践,2015(7):93-95.

的丰富起到了至关重要的推动作用。民族文字类文献遗产不仅以手抄本的形式存在,还附着在碑刻、刺绣、牛角、陶瓷等载体上,既是我国民间文献遗产的重要组成部分,也是发掘、整理、保护、抢救、管理工作的"重头戏"。

(六)文学传记类

同样是在前文中,笔者针对当前现存的民族史诗进行了初步的介绍,指出《亚鲁王》《黑暗传》《玛纳斯》《格萨尔》作为我国经典的民族史诗,不仅为塑造中华民族顽强不屈的民族精神起到了积极的推动作用,还为中华民族文学领域的发展提供了历史见证。我国学者吴结评等人,就对这一观点进行了具体阐述①。这些富有民族色彩的文学传记往往都保存在民间,未被人为的粉饰和删减,真实地记录着我国古代基层劳动人民对文学的热爱,以及他们在历史背景下的真实表达。因此,文学传记类文献遗产作为中国民间文献遗产中的重要一类,其文化价值、历史作用、历史意义不言而喻。

二、不同类别民间文献遗产特征分析

在明确中国民间文献遗产的主要类别,以及所包括的主要内容的基础上,民间文献遗产差异化保护的需求并不能得到高度明确,还需要就其类别的不同进行深入的特征分析,由此方可确保在不同类别的民间文献遗产发掘、整理、保护、抢救、管理的过程中,能够立足其基本特征制订出最为有效的方案及措施,最终达到高质量保护我国民间文献遗产的目的,确保其能够得到永续保存。

(一)文契类民间文献遗产特征

文契类民间文献遗产主要是旧时针对买卖房地产、借贷、财物兑换等所立的契约,在民间具有一定的法律效力,是我国古代社会契约行为形成的重要标志。文契的载体主要包括纸张、石碑、铁券或铜券、玉石等。文契是我国古代民间社会经济发展的重要历史鉴证,同时是我国当代合同、协议的雏形,无论是在古代社会,还是在近现代和当代社会,都具有突出的时代意义与价值。

---

① 吴结评,何承莲.中国三大史诗的域内外流传、翻译与研究[J].黑龙江民族丛刊,2015(3):3-3.

（二）方志类民间文献遗产特征

方志主要包括全国性的总志，地方性的州郡府县志，以及乡镇、寺观、山川等志。方志门类众多，为当今时代深入研究历史和地理提供了丰富的史料信息。其中，方志往往著于竹简、纸张、石碑之上，特别是乡镇、寺观、山川等志，往往存在于民间，经过历史的"冲刷"，其自然损坏和人为损坏的方式各有不同，这也对我国民间文献遗产研究与保护工作提出了严峻的考验。

（三）海丝文献类民间文献遗产特征

海丝文献类民间文献遗产主要存在于沿海城市的小渔村，主要包括中国古代民间书法、绘画等文献作品。该类文献遗产主要以绢帛、纸张为载体，记录的内容主要以文字和绘画的形式存在。由于该类文献遗产存在的环境较为特殊，所以在文献发掘、整理、修复、保护、抢救、管理工作中，会遇到较为棘手的问题，并且海水环境和诸多的浮游生物都会严重影响该类文献遗产的完整度。这也是海丝文献类民间文献遗产最为明显的特征。

（四）音乐声音类民间文献遗产特征

音乐声音类民间文献遗产具有一定的特殊性，通常以两种形式存在：一种是以文字记录的形式将古代音乐中的"词"传承下来，进而形成直观的民间文献遗产。另一种就是经过数代人口口相传，通过后人的整理将其"词"重新谱曲并记录下来，后留存在民间。这两种形式显然"有形"和"无形"两种，这也是音乐声音类民间文献遗产的基本特征，其遭受损坏的概率以及得到永久性保存的难度可想而知。

（五）民族文字类民间文献遗产特征

民族文字是民族文化最基本的象征，更是民族智慧最为直接的体现，正所谓民族的智慧来自广大劳动人民，因此民族文字必然成为中国民间文献遗产的重要组成部分。在前文中，笔者以最为经典的水书为例，在作用、意义、价值层面对其进行了系统而又深入的分析，但是针对水书的载体和记录方式并没有进行详细的说明。水书以纸张作为载体，以象形文字记录的方式记载水族的天文、地理、宗教、民俗、伦理、哲学等文化信息，因此其遭受损坏的概率和永久性保存的难度都相对较大。

（六）文学传记类民间文献遗产特征

文学传记之所以作为民间文献遗产中的重要一类，是因为文学传记主要刻画劳动人民内心的英雄形象和历史故事，以激励广大劳动人民的民族情怀，让中华民族在发展道路上始终拥有强大的进取心、责任心、意志力，更是民间文学艺术的真实体现。文学传记类民间文献遗产的特征主要包括两个方面：一是文献载体以绢帛、纸张为主，二是文字呈现出传统书写法则、规范的形式。因此，文学传记类民间文献遗产极易受腐蚀、受损坏。

三、影响不同类别民间文献遗产永续保存的因素

众所周知，研究任何事物的发展规律都不仅要知其然，还要知其所以然，后者通常是影响事物发展的主要因素。就中国民间文献遗产保护工作而言，不同类别的民间文献遗产在发掘、整理、修复、保护、抢救、管理工作，都必须有科学的依据作为支撑。这些科学依据通常来源于不同类别民间文献遗产永续保存的条件。

（一）影响文契类民间文献遗产永续保存的因素

文契类民间文献遗产主要以契约的形式呈现，就当前已经发掘出的契约文书而言，其类型之多、涉及范围之广、数量之大无不令人叹为观止，其载体主要包括纸张、绢帛、贝叶等器物，不仅彰显出其在规范各行业市场方面发挥的作用，更为我国当代合同与协议的形成与发展奠定了坚实的基础。但是文契类民间文献遗产完好地保存下来并非是历史的必然，而是需要克服种种影响因素，其中，保存环境的干湿度、活性微生物、温度、酸碱度等都是直接影响文契类民间文献遗产永续保存的因素，而这也为我国民间文献遗产研究工作在方案、流程的制定以及技术的应用层面提出了更高的要求。

（二）影响方志类民间文献遗产永续保存的因素

通过前文中对"方志"的介绍，不难发现其载体主要包括纸张、石碑、墙壁等，笔墨和雕刻技术是这类民间文献遗产得以流传下来的重要保证。然而，在历史的长河中，外部自然环境和人为因素的共同作用，不可避免地造成了方志类民间文献遗产出现不同程度的损毁。因此，自然环境和人为因素就成为影响方志类民间文献遗产永续保存的主要因素，这也是我国文献遗产研究工作中必须解决的棘手问题。

（三）影响海丝文献类民间文献遗产永续保存的因素

海丝文献类民间文献遗产指的是海洋丝绸之路中流落到民间的历史文献资料，其记录的内容主要包括海上通商过程中各国交易的文化作品如文字作品、绘画作品等，这些作品本身大多出自民间，所以承载着古代民间文化的发展与传承。此类民间文献遗产的载体以纸张、陶瓷、金银器为主。然而在海水环境下，文献遗产必然会受到海水中微生物和其他物质的腐蚀，造成不同程度的损坏，这些显然都是影响海丝文献类民间文献遗产永续保存的直接因素，也是我国民间文献遗产研究工作中必须面对的严峻挑战。

（四）影响音乐声音类民间文献遗产永续保存的因素

根据前文中笔者所阐述的观点，不难看出音乐声音类民间文献遗产呈现方式具有一定的特殊性，具体表现为"有形"和"无形"两种。该类民间文献遗产永续保存的条件在于外界环境的理想化，无论是在保存环境的湿度方面，还是在粉尘程度、微生物标准方面，都具有较高的要求。而上述这些条件自然也是影响音乐声音类民间文献遗产永续保存的主要因素，我国文献遗产研究工作中必须予以高度重视。

（五）影响民族文字类民间文献遗产永续保存的因素

毋庸置疑，民族文字类文献遗产年代十分久远，记录这些珍贵的文字信息的方式也极为传统，即笔墨纸砚。经过时代的不断变迁，笔墨纸砚所记录的信息虽然在不受人为损坏的情况下，能够长时间地保留，但是依然不能保证永远不受损伤。此外，民族文字类民间文献遗产在流传的过程中，难免会受到人为损毁，最终导致其难以永续保存。对此，在民间文献遗产研究工作中，做到发掘、整理、修复、保护工作的理想化，实现抢救、管理手段与措施的科学化至关重要。

（六）影响文学传记类民间文献遗产永续保存的因素

文学传记类民间文献遗产往往通过文字表达的方式呈现，其语言生动，极富韵味，用各种描写手法让人们感知主人公的形象和内心活动，塑造了中华儿女不屈不挠的民族精神。另外，该类民间文献遗产也是中华民族文学艺术发展史不可缺少的重要组成部分，具有较高的艺术价值、文化价值、社会价值。在文学传记类文献遗产的载体方面，书卷最为普遍，它以图文并茂的形式呈现。但这种载体的永续保存需要面对诸多挑战，自然的侵害和人为毁坏是最主要的两个因素，因此在文学传记类民间文献遗产永续保存过程中，要将这两个影响因素作为主要的着眼点。

综上所述，在民间文献遗产保护工作中，把握不同类别民间文献遗产的特点，并明确影响其永续保存的因素是一项系统工程。既要对民间文献遗产的类别进行系统性划分，还要对其载体和存在的外部环境进行深入分析，从中找出影响其永续保存的因素，为实施精准保护提供强有力的保障。

第二节 立足差异性特征明确精准保护的切实需要

民间文献遗产差异化保护的根本目的是针对民间文献遗产形成精准化的保护，以确保民间文献遗产保护工作既能体现针对性，又能彰显保护过程的各个细节，使民间文献遗产保护工作迈向高质量，确保我国民间非物质文化遗产得以永续，彰显文化价值、历史作用和意义以及社会价值。中国民间文献遗产精准化保护的切实需要研究路线如图5-2所示。

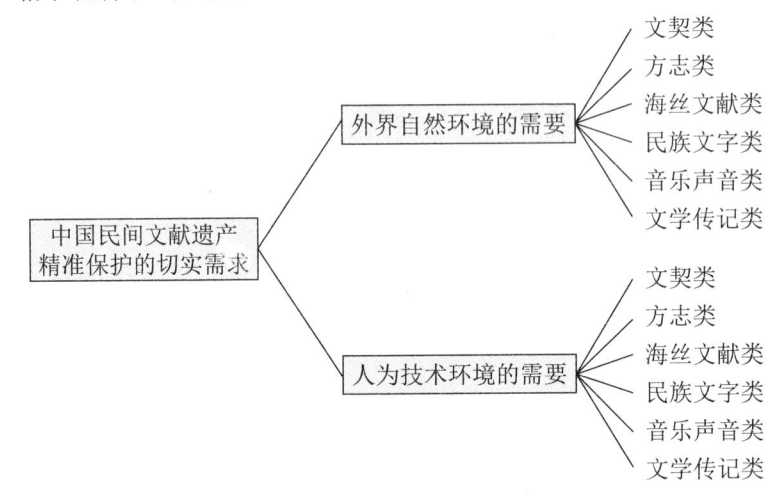

图5-2 中国民间文献遗产精准化保护的切实需要研究路线

结合中国民间文献遗产精准化保护的切实需要的研究路径，笔者立足前文所述的我国民间文献遗产所包括的六个大类，以及每个类别文献遗产所体现出的基本特征，从外界自然环境和人为技术环境两个方面，深入挖掘中国民间文献遗产精准化保护的切实需要。其中涉及各类民间文献遗产载体所处的自然环境，以及普遍存在的人为损坏的主要方式，确保各类民间文献遗产精准化保护的切实需要能够更加直观、更加全面地体现出来，让民间文献遗产动态化保护思路的建立拥有最为理想的前提条件。

一、文契类民间文献遗产精准保护的切实需要

文契类民间文献遗产是中国民间文献遗产的重要组成部分，是我国民间经济发展、民间法治化发展的真实写照，所以在我国民间文献遗产研究工作中，文契类民间文献遗产发掘、整理、修复、保护、管理工作被视为重点对象。随着时代的发展，当代和未来民间文献遗产研究工作必须将文契类民间文献遗产的精准保护视为重中之重。笔者认为必须针对该类民间文献遗产的固有特点，从其所处的外界自然环境出发，明确精准保护过程中的切实需要，这样才能确保文契类民间文献遗产保护工作得以高质量开展，使开展过程的系统性更为突出。

（一）外界自然环境的需要

在我国现存的民间文献遗产中，数量最大、涉及范围最广的莫过于文契类民间文献遗产。文契类民间文献遗产的载体较为丰富，包括纸张、铜券、铁券、玉石等。由于这些载体往往呈现出不同的文化信息形式，人为损坏的程度也有所不同，在发掘、整理、保护、管理方面对自然环境也有差异性需要。例如，以纸张为载体的契约文书，极易受到自然环境中的湿度、酸碱度、微生物的影响而损坏，进而导致所呈现的信息受到影响。以铜券或铁券为载体的契约文书主要对自然环境中的氧气含量、空气湿度有较高的要求，如不能保证上述两个条件的理想化，就会造成载体的腐蚀。因此，自然环境中的湿度、酸碱度、微生物、氧气含量的有效调节，是文契类民间文献遗产精准保护的切实需要。

（二）人为技术环境的需要

文契类民间文献遗产精准保护工作的目的是让其能够永续保存下去，进而最大限度地提升文契类民间文献遗产的社会价值，确保我国非物质文化遗产在当今乃至未来社会得以传承的同时，最大限度地服务社会发展。对此，在满足文契类民间文献遗产精准保护对外界自然环境的切实需要的基础上，还要满足其对人为技术环境的需要，让文契类民间文献遗产的载体能够得到永久保存主要包括以下两方面：

第一，冷冻箱、灭活箱、臭氧箱的配备。这些技术条件能确保纸张、铜

券、铁券、玉石等文契类文献载体避免微生物的侵蚀，使契约文书的修复、保存、管理工作的效果达到最佳化。

第二，化工原料、室内除湿机、真空展柜应作为理想技术环境的重要组成部分。这些技术条件是为了使文契类文献遗产的修复与保护工作拥有最为理想的外部人为环境，以使各类契约文书能够得到永续保存。

二、方志类民间文献遗产精准保护的切实需要

方志类民间文献遗产的类型同样具有多样性。在根据差异性特征开展精准化保护的过程中，必须高度明确其切实需要，以确保方志类民间文献遗产发掘、整理、修复、保护工作开展的系统性和针对性。在这里，笔者认为同样要从外界自然环境的需要和人为技术环境的需要两方面入手进行阐述，具体如下。

（一）外界自然环境的需要

方志类民间文献遗产最普遍的就是"乡镇志""山川志"等。其载体主要包括碑刻和书卷，所以在实施精准保护的过程中，对外界自然环境因素的有效克服是迫切需要。尤其是以碑刻为载体的方志类民间文献遗产，通常处于空旷地带，或者处于凉亭等位置，所以阳光直射、风沙侵蚀是造成其难以永续保存的主要因素。另外，以书卷为载体的方志类民间文献遗产通常处于室内，且普遍被置于阴暗处，所以文献载体变质的情况较为普遍。这必然会影响该类民间文献遗产的修复、保护、管理工作的有效开展，也是方志类民间文献遗产精准保护所面对的挑战。

（二）人为技术环境的需要

结合上文，可以看出方志类民间文献遗产所处的自然环境具有封闭性，也具有开放性。封闭性是指以书卷为载体的方志通常处于阴暗密闭的环境中，而开放性主要是指以石碑、墙壁为载体的方志通常处于空旷的室外环境中。这两种环境显然都具有不可抗的弊端，故而需要通过人为技术的应用进行修复，并建立较为理想的保存环境，形成良好的保护和管理过程。其中，灭活处理是修复工作的第一环：先调节纸张的酸碱度并进行纸浆补洞，随之是恒温恒湿且真空的保存环境，最后进行定期的环境检查和修复。在这里，冷冻箱、灭活箱、臭氧箱、真空罩、除湿机等作为必不可少的技术设备，也是实施精准保护工作的切实需要。

三、海丝文献类民间文献遗产精准保护的切实需要

海丝文献类民间文献遗产的精准保护工作，与其他类型的民间文献遗产保护工作存在明显不同。其原因非常简单，就是文献载体所处的自然环境存在明显的差异性。其他类型的民间文献遗产的精准保护只需要考虑所处环境的气候情况以及人为损坏情况即可，而海丝文献类民间文献遗产所处的自然环境绝大多数并非陆地，而是具有多元性的海水。因此，海丝文献类民间文献遗产精准保护的切实需要有着明显的不同。接下来笔者将立足这一差异性进行详细的阐述。

（一）外界自然环境的需要

影响海丝文献类民间文献遗产永续保存的因素具有独特性，所以在对其实施精准保护过程中，依然要考虑外界自然环境方面的具体需要。具体地说，就是要结合海丝文献类民间遗产发掘前所处的环境，逐步弱化制约其永续性保存的因素，最终达到彻底消除制约因素的目的，使该类民间文献遗产处于理想的外界自然环境之中，这是其实现永续保存的根本需要，也是当今中国民间文献遗产精准保护过程中所要履行并承担的新使命和新职责。

（二）人为技术环境的需要

从海丝文献类民间文献遗产精准保护对外界自然环境的具体需要出发，运用先进的技术手段营造出理想的永续保存环境，是当今海丝文献类民间文献遗产精准保护对人为技术环境的需求。在发掘工作中，要对发掘对象的真伪度进行科学辨析。在整理保护工作中，要立足海洋环境的影响，采用海水物质淡化技术进行海丝文献遗产载体的处理，并对其损毁程度进行评估，然后立足该类文献遗产修复和保护工作有效选择相关技术，保证其理想的永续保存环境。人为技术环境构建的复杂性和难度较高，这也是当前我国海丝文献类民间文献遗产精准保护工作的棘手之处。

四、民族文字类民间文献遗产精准保护的切实需要

民族文字类文献遗产作为中国民间文献遗产的重要组成部分，是中华民族非物质文化遗产中极具代表性的一类。因此，对民族文字类民间文献遗产进行精准保护是一项艰巨的任务，根据其所处的外界自然环境以及人为损坏

的具体特征，分析其精准保护工作的切实需要就成为一项关键性的工作。笔者认为依然要从外界自然环境的需要和人为技术环境的需要两方面入手进行深入的研究与探索。

（一）外界自然环境的需要

结合当前我国已经成功发掘并进行保护与管理的民族文字类民间文献遗产，能够直接感受到外界自然环境对其的损毁程度各有不同，但是却存在明显的共性。例如，纸张中的碳水化合物超标，为霉菌提供了可以长时间存活和再生的营养物质。而霉菌产生的原因则是环境过于潮湿，同时很少接受阳光的直射。民族文字类民间文献遗产如果长时间处于这种自然环境中，其载体本身发霉变质，最后造成难以修复的空洞。对此，通过技术手段打造一个适合该类文献遗产永续保存的环境，显然是该类民间文献遗产精准保护的切实需要，也是有效确保该类民间文献遗产实现永续保存的最为直接和最为有效的途径。

（二）人为技术环境的需要

在民族文字类民间文献遗产精准保护过程中，人们不能刻意改变其所处的原生态的自然环境，而只能通过技术手段为其提供一个适宜的保存环境，从而进行有效的文献遗产保护与管理。因此，霉菌作为活体要被全面而又彻底地清除，灭菌箱无疑成为必不可少的技术设备。另外，纸张破洞的修补需要运用补浆仪。在字迹修复方面，还需要进行纸浆液酸碱度的调节，以确保墨汁干燥的速度适中，确保字迹得到长时间保存。最后，还要有恒温恒湿和真空的环境作为支撑。力求民族文字类民间文献遗产能够实现永续保存，这是该类民间文献遗产精准保护对人为技术环境的切实需要。

五、音乐声音类民间文献遗产精准保护的切实需要

音乐声音类民间文献是反映中国古代劳动人民心声，呈现不同历史时期社会发展大环境的重要历史证据，更是中华民族草根艺术的结晶。因此在当代乃至未来中国民间文献遗产研究工作中，关于音乐声音类民间文献的精准化保护必须引起高度重视。广大研究人员及学者必须立足于该类民间文献遗产的差异性特征，深入思考精准化保护工作的具体需要，这样才能为该类民间文献遗产精准化保护工作制订出切实可行的保护方案。对此，笔者认为还要围绕外界自然环境的需要和人为技术环境的需要两方面进行深入思考。

（一）外界自然环境的需要

音乐声音类民间文献遗产的载体包括"有形"和"无形"两种。"有形"指的是有明确的文字记录，如地方民间小曲小调的词等，而"无形"指的是世世代代人们口口相传的旋律或节奏。这两种文献载体在被有效发掘之前，所处的自然环境通常较为复杂，绝大多数有形的文献载体处于阴暗潮湿的环境中，载体本身的直观体现与未发掘的民族文字类、文学传记类、文契类、方志类民间文献遗产高度相似，无形载体却不存在这些高度相似的状况。因此，在音乐声音类民间文献遗产发掘、整理、修复、保护工作中，有效改善其未发掘前所处的环境，构建出适合其永续保存的理想环境，就成为精准保护的根本需要，也是音乐声音类民间文献遗产充分彰显历史价值、文化价值、社会价值的必然前提。

（二）人为技术环境的需要

在音乐声音类民间文献遗产精准保护中，既要通过评估系统，对其载体的真实性、文化价值、损毁程度进行有效的评估，又要立足于评估结果，对修复和保护技术进行科学的选择，包括对原载体中的修复和转移技术，以及保护环境构建中所需要的相关技术和仪器设备等，还要在该类民间文献遗产管理方面进行技术的合理化、深层次运用，以确保音乐声音类民间文献遗产精准保护拥有较为理想的人为技术支撑，进而形成良好的保护环境。这无疑对中国民间文献遗产管理工作提出了更高要求，也是一项较为棘手的攻关项目。

六、文学传记类民间文献遗产精准保护的切实需要

民间文学传记是我国民间传统文化不可缺少的一部分，其文化价值能够反映我国古代、近现代文学底蕴，能深刻地展现出中华民族高尚的民族气节。对此，在中国民间文献遗产的研究中，必须将文学传记类民间文献遗产视为重点关注对象之一，使精准保护工作落实到位。其间，不仅要明确前文中所论述的该类民间文献遗产的固有特点，还要结合其外界自然环境和人为损坏的主要方式，找出文学传记类民间文献遗产精准保护的切实需要。以下笔者就围绕这两方面进行具体的阐述，希望广大研究人员及相关学者能够从中获得一定的启示，以促进民间文献遗产精准保护方案的制定。

（一）外界自然环境的需要

文学传记类民间文献遗产的载体主要为书卷。因此，在探索文学传记类民间文献遗产精准保护的切实需要的过程中，必须将"书卷"作为研究的视角。与民族文字类民间文献遗产相同，该类民间文献遗产所处的自然环境也是一样的。阴暗潮湿是较为明显的特征，霉变依然是载体永久保存需要面对的一项严峻考验。加上该类民间文献遗产在各个历史时期劳动人民无数次地翻阅也会造成人为的损坏，所以人为因素和外界自然环境因素共同加剧了该类文献遗产的损毁程度，这两方面应作为该类文献遗产发掘、整理、修复、保护、管理工作必须关注的重点。

（二）人为技术环境的需要

通过对上述文学传记类民间文献遗产的主要载体，以及影响该类文献遗产永久性保存的主要因素的分析，不难发现该类文献遗产在发掘、修复、保护、管理方面，与文契类和民族文字类民间文献遗产存在一定的共性特征，都需要进行灭菌、纸张破洞修补、纸浆酸碱度调和、恒温恒湿环境的构建、真空箱和防潮垫保存，以及字迹还原等多项工作。这些工作内容显然对该类民间文献遗产保护提出了较高的技术要求，并且技术难度较大、要求较高，将其转化为现实能够为研究与保护工作的全面开展营造理想的人为技术环境。这不仅是当今我国文学传记类民间文献遗产研究与保护工作的又一切实需要，更是广大专家、学者、文献遗产研究工作人员在实践中面临的一项重要挑战。

综上所述，在中国民间文献遗产保护工作中，真正做到立足文献类别之间的差异性特征，明确实施精准化保护过程中的切实需要并非易事，不仅要在文献载体方面分析导致影响其永久保存的因素，还要在自然环境方面和人为技术环境方面进行明确，这样才能建立起民间文献遗产动态化保护的总体思路。

第三节 建立民间文献遗产动态化保护思路

通过普适性保护理论所阐述的观点，可以看出动态化保护思路是文献遗产研究过程全面实现提质增效的理想之选。中国民间文献遗产研究与保护工作作为文献遗产研究领域的重要组成部分，全面开展动态化研究与保护势在必行。但是，在实践中真正将其转化为现实必须有一套明确的思路作为支撑，并且有效涵盖前文阐述的中国民间文献遗产的具体类别，由此方可建立一套系统性的民间文献遗产动态化保护思路，如图5-3所示。

```
                    ┌─ 文契类民间文献遗 ─┬─ 明确该类民间文献遗产的丰富性
                    │  产动态化保护思路   │  和可开发性
                    │                    ├─ 动态保护方案的设计和制订
                    │                    └─ 动态化评估系统的构建与运用
                    │
                    ├─ 方志类民间文献遗 ─┬─ 明确动态化保护原则
                    │  产动态化保护思路   ├─ 建立动态化保护路径
                    │                    └─ 建立并实施动态化保护评估体系
                    │
                    ├─ 海丝文献类民间文献 ┬─ 确定研究与保护对象的作用与价值
民间文献遗产动态─────│  遗产动态化保护思路 ├─ 建立动态化保护流程和措施
化保护总体思路      │                    └─ 落实动态化评估工作
                    │
                    ├─ 民族文字类民间文献 ┬─ 动态化把握研究与保护对象
                    │  遗产动态化保护思路 ├─ 制订动态化研究与保护方案
                    │                    └─ 建立动态化评估体系
                    │
                    ├─ 音乐声音类民间文献 ┬─ 根据地域特色进行历史溯源
                    │  遗产动态化保护思路 ├─ 明确当前该类民间文献遗产现状
                    │                    └─ 形成系统的动态化保护实施方案
                    │
                    └─ 文学传记类民间文献 ┬─ 明确该类民间文献遗产动态化保护的
                       遗产动态化保护思路 │  统筹性思想
                                          ├─ 利用大数据库丰富动态化保护内容
                                          └─ 依托先进技术手段实施研究、保护、
                                             动态评估工作
```

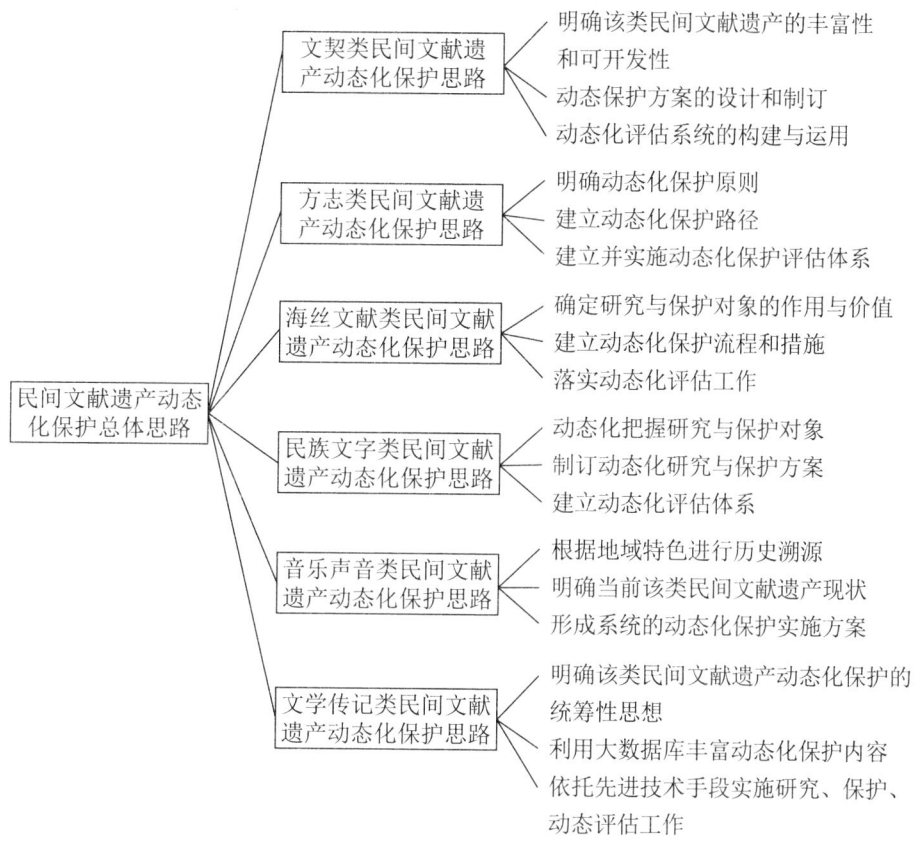

图 5-3　民间文献遗产动态化保护总体思路构成

通过图 5-3 中呈现的相关信息，不难发现各类民间文献遗产动态化保护的具体思路具有一定的相似性，其各个环节之间紧密衔接，但在具体操作过程中，每个环节的有效实施都是一项系统工程。接下来笔者将结合不同类别的民间文献遗产，分别具体论述动态化保护的思路。

一、文契类民间文献遗产实现动态化保护的思路

文契类民间文献遗产作为中国民间文献遗产的重要组成部分之一，能够有效反映我国民间经济和民间法治发展的历程与状况，让人们深刻认识到民间契约的形成过程与规律，对加快当今乃至未来社会经济与法制化发展进程有着至关重要的历史意义，也对我国建设"文化强国"有重要的推动作用。

因此，全面开展该类民间文献遗产的动态化研究与保护是一项重要任务，其思路主要在涉及以下三方面。

（一）明确文契类民间文献遗产的丰富性与可开发性

文契类民间文献遗产作为我国当前存在数量最多，涉及领域较为全面的一类文献遗产，能够反映不同历史时期社会经济和法治发展的具体情况。文契类民间文献遗产研究与保护作用的有效开展不仅能推进我国民间传统文化的发展还能推动我国法治领域的加速发展。对此，在当今中国民间文献遗产研究与保护工作中，全面加强文契类民间文献遗产研究与保护就成为一项重要任务，有效实施动态化研究与保护自然成为广大学者与相关工作人员关注的焦点。首先要明确文契类民间文献遗产的丰富性与可开发性，以确保该类民间文献遗产动态化研究与保护的对象不断得到有效开发，从而使动态化的研究与保护范围不断扩大。

（二）设计并制订文契类民间文献遗产动态化保护方案

对于文契类民间文献遗产动态化保护方案的设计与制定，要明确目标、重点与难点，实施动态化保护的理念、总体规划、具体实施流程和细节，从而确保实施过程有理有据，为提高研究与保护效果提供有力指导和辅助。对此，笔者认为应从四方面入手：第一，确立使该类民间文献遗产始终处于不断丰富的状态，并且全面提高其作用与价值两项基本目标。第二，明确使该类文献遗产始终处于理想的保存状态这一基本理念。第三，深刻认识研究与保护手段的复杂性、合理性、科学性是重点与难点。第四，将研究保护措施与技术应用作为动态化保护实施流程和细节的核心。

（三）构建并实施系统性的文契类民间文献遗产动态化保护评估系统

动态评估系统的构建和有效落实，是切实提高文契类民间文献遗产研究与保护效果的重要条件，也是该类文献遗产动态化研究与保护过程中有效进行方案改进的重要保障。其主要操作步骤包括四个方面：第一，确立该类文献遗产动态化研究与保护的评估原则。要以普适性保护理论为中心，强调该类文献遗产研究与保护的因地制宜和因需而异，并将该类文献遗产保存的永续性作为根本目标，以使该类文献遗产的历史价值、文化价值、社会价值、利用价值得到最大限度展现。第二，明确该类文献遗产动态化研究与保护的评估标准。要立足国际和国内两个层面的相关政策与规定，将现有的民间非物质文化遗产保护质量评估标准作为重要依托，进而建立文契类民间文献遗产动态化保护评估标准。第三，合理选定该类文献遗产动态化研究与保护的评估方法。要将定性评价与定量评价相结合作为该类民间文献遗产动态化保护的评估方法，确保评估结果数字化的同时，指明该类民间文献遗产动态化研究与保护的改进方向。第四，构建该类文献遗产动态化研究与保护的评估指标。要立足该类民间文献遗产研究的总体流程，明确具体的动态评估内容，并据此建立动态评估量表，其中包括详尽的一级评估指标、二级评估指标，甚至三级评估指标，力求动态评估结果更具综合性，能够充分反映该类民间文献遗产研究与保护的基本动态。

二、方志类民间文献遗产实现动态化保护的思路

方志类民间文献遗产作为中国民间文献遗产的重要组成部分之一，是我国非物质文化遗产中具有代表性的一类。在我国当前所处的时代发展大环境和大背景下，民间文献遗产研究与保护工作显然要接受更为严峻的挑战。有效开展动态化保护就成为必须高度关注的重点，方志类民间文献遗产研究与保护工作更是如此。笔者认为，具体思路应包括下述三个方面。

（一）明确方志类民间文献遗产动态化保护原则

方志类民间文献遗产是中华民族非物质文化遗产的重要组成部分，对其全面开展动态化保护工作无疑需要我们予以高度重视。秉承该类民间文献遗产传承和弘扬的永续性，以及研究与保护的"工匠精神"自然是初衷，故而可持续性原则、流程细化原则、责权一致原则等就成为方志类民间文献遗产动态化保护工作的原则。

（二）建立方志类民间文献遗产动态化保护路径

方志类民间文献遗产所处的环境存在一定的特殊性。其中，很多文献遗产是以碑刻或者碑文砖雕的形式呈现的，所以在实施动态化保护工作的过程中，在技术、手段、措施的选择与应用上存在明显的不同。笔者认为有效的实践路径应包括三个方面：第一，要明确方志类民间文献遗产的载体是否具有特殊性。第二，要明确文献载体内容修复和转移的技术和流程。第三，要立足动态化监督，不断加大方志类民间文献遗产研究与动态化保护各项工作的实施力度。

（三）全面建立并实施方志类民间文献遗产动态化保护评估体系

动态化评估工作作为民间文献遗产动态化保护工作的重中之重，是确保方志类民间文献遗产研究与保护质量的重要保证。基于此，全面建立并实施方志类民间文献遗产动态化保护评估体系，就成为方志类民间文献遗产动态化保护思路的重要组成部分。其中，动态化保护评估体系的基本结构包括三个方面：

第一，明确的动态化保护评估原则与标准。要以普适性保护理论关于文献遗产保护的具体原则，明确方志类民间文献遗产动态评估的实时性原则、发展性原则、指导性原则、总体性原则，并立足国际和国内非物质文化遗产保护的相关政策与规定，建立方志类民间文献遗产动态评估的具体标准。

第二，科学的动态化评估方法。在方志类民间文献遗产研究与保护工作中，动态化评估要确保评估指标所反映出的结果能够以数字形式体现出来，故而定性评价与定量评价相结合就成为该项评估工作的主要方法。

第三，完善的动态化评价指标结构。动态化评估的主要内容必须包括保护对象的历史真伪性、保护对象的损毁程度、保护对象的可修复性、保护手段的合理性、保护技术选择与应用的科学性等，还要通过分析影响上述内容的因素，确立相应的二级和三级评估指标。

动态化保护评估体系的实施过程应包括三个方面：第一，立足方志类民间文献遗产研究与保护的对象，结合历史溯源情况和相关载体材料，通过计算机数据分析模型评估其历史真伪性。第二，通过评估量表，针对方志类民间文献遗产研究与保护的实施过程进行动态化评价，包括方法、过程、阶段性成果，确保为其提供具有建设性的意见与建议。第三，结合动态评估结果，有针对性地进行研究与保护方案和流程的优化与调整。

三、海丝文献类民间文献遗产实现动态化保护的思路

海丝文献类民间文献遗产研究工作起步相对较晚，是我国在当今时代发展的大背景下，全面增强中华儿女文化自信，进一步加快中华优秀传统文化传承与发展的一项有力举措。对此，海丝文献类民间文献遗产的科学保护就成为广大学者和研究人员关注的焦点，对其进行动态化保护也成为普遍的追求。笔者认为海丝文献类民间文献遗产动态化保护的思路应该包括三个方面。

（一）进行遗产的动态化发掘并确定其作用与价值

海丝文献类民间文献遗产的研究工作并非由来已久，而是新时代发展背景下的新产物，是我国文化强国道路上的有力抓手，更是中华优秀传统文化传承与弘扬道路上的有力推手。对此，在该类民间文献遗产研究与保护工作中，实现动态化的根本前提就是始终明确该类文献遗产研究与保护工作的新方向，不断深入发掘研究与保护对象。其中，既要根据我国当今时代社会发展大背景，充分发掘海丝文献类民间文献遗产研究新动态，在正确选择该类民间文献遗产研究对象的同时，明确其历史作用、文化价值、社会价值，进而确保该类文献遗产研究的大方向始终与时代发展的步伐高度统一。在促进民族文化事业发展的同时，让海丝文献类民间文献遗产的动态化保护工作具有可行性。

（二）建立动态化保护流程和措施

海丝文献类民间文献遗产动态化保护工作之所以具有动态性特征，是因为其各项工作的基本流程完全是为了满足各个研究与保护阶段的切实需要，有侧重地进行流程和措施的调整，以保证最佳研究效果和保护状态的形成。动态化保护流程应包括三个部分：保护内容的相互衔接、保护手段的针对性、保护技术的科学选择。动态化保护措施主要包括三个方面：第一，运用数据分析系统，对保护对象的损毁程度和修复的可能性进行系统评估。第二，通过先进的技术手段，尽可能地还原文献载体，或者将文献载体进行有效转移。第三，打造最理想的研究对象保存环境，以实现其永续保存。

（三）落实动态化评估

动态化评估是中国民间文献遗产动态化保护工作中必不可少的一部分，海丝文献类民间文献遗产的动态化保护自然也不例外，其包括以下三个部分：

第一，动态化评估原则与标准的客观性。《"海上丝绸之路·福州史迹"文化遗产保护管理办法》等政策与法规针对民间文献遗产研究活动中的质量评估工作，提出了针对海丝文献类民间文献遗产研究与保护的动态化评估原则与标准，以提高动态化保护工作的质量。

第二，动态化评估方法的合理性。多数海丝文献类民间文献遗产所处环境存在特殊性，因此在文献遗产研究工作的各个环节中，无论是在手段与技术的选择方面，还是在动态评估的方法方面，都要考虑到文献载体所处环境的差异性，将量化评估视为根本出发点，确保评估结果能够说明该类文献遗产研究与保护工作的最新动态，并能指明优化与调整的最佳方向。

第三，动态化评估指标的体系化。要将该类文献遗产的真实程度、作用与价值、损毁程度和方式、修复程度、修复与保护方案作为主要的评估内容（一级评估指标），并以此为出发点，延伸出二级甚至三级评估指标，力求动态化评估结果能够综合地体现海丝文献类民间文献遗产动态化保护的质量，让动态化保护的流程始终拥有革新和升级的空间。

四、民族文字类民间文献遗产实现动态化保护的思路

民族文字无疑是民族文化的瑰宝，不仅能够体现民族在历史发展进程中所具备的优越性，还能体现民族自身的智慧性，所以被视为非物质文化遗产的重要组成部分。因此，在中国民间文献遗产研究工作中，民族文字类民间文献遗产无疑是需要关注的对象，实现动态化保护自然也是当务之急。对此，笔者认为应从以下三方面入手。

（一）动态化把握民族文字类民间文献遗产保护的对象

从民族文字类民间文献遗产的动态化保护工作的全流程角度来看，过程复杂、内容繁多、技术手段多样是其最为明显的特征，因此在实践中将其转化为现实往往是一项系统工程。笔者认为实现的思路应该将动态化把握研究与保护的对象置于首位，具体操作包括三方面：

第一，深入民间，了解各地域文字传承与发展的历史。

第二，深入分析具有民间色彩的地域性文字的流传踪迹，并明确其在各个历史时期乃至未来社会发展中的作用和价值。

第三，确立民族文字类民间文献遗产研究与保护对象，为有效开展发掘、整理、修复、抢救、保护、管理等工作提供前提。上述三个方面既是民族文字类民间文献遗产实现动态化保护的起始点，更是提高民族文字类民间文献遗产研究与保护质量的决定性因素。

（二）制订动态化的保护方案

在民族文字类民间文献遗产动态化保护工作的全面开展过程中，动态化把握研究与保护对象只是第一步，最关键的环节是制订动态化的保护方案，进而确保动态化保护措施能够顺利形成，并且为有效进行动态化调整和优化

提供空间。主要操作思路包括四个方面：

第一，根据民族文字类民间文献遗产保护要求，确立研究与保护项目。

第二，立足项目主体，确立研究与保护计划。

第三，制定研究与保护流程，建立研究与保护的各项措施。第四，甄选研究与保护技术手段，在实践中有效优化与调整具体细节。

上述四个方面是该类民间文献遗产动态化保护方案的基本构成，其中在技术手段的应用方面，需要针对其可行性进行深入验证，可以通过实验法加以证明，以确保为保护方案的有效落实提供强有力的技术保障。

（三）构建并运行具有动态化特征的评估体系

动态化评估作为民族文字类民间文献遗产实现动态化保护的重要保障，是全面提升民族文字类民间文献遗产研究质量的重要因素。因此，在明确民族文字类民间文献遗产动态化保护思路的过程中，必须构建并有效运行具有动态化特征的评估体系。其中，在评估原则方面，要以普适性保护理论中所倡导的原则为主体，强调因地制宜、因需而异、精细化与整体化保护并存，突显民族文字类民间文献遗产研究与保护工作的系统性和科学性。在评估标准方面，要以联合国教科文组织以及我国当前的文献遗产保护相关政策法规中包含的内容为中心，制定科学化与合理化的动态评估标准，以保证动态评估过程和结果的高质量。在评估方法方面，要将动态量化评价作为动态化评估的方法，强调各项评估指标都以数字量化的形式体现，更加直观地反映民族文字类民间文献遗产研究活动的现实状况，从中明确合理的改进方向。在评估指标方面，一级评估指标应体现在民族文字类民间文献遗产研究对象的历史真实性、各种作用与价值的体现、损毁程度和可复原程度、载体转移的可行性等几个方面，并且围绕上述一级评估指标的作用因素，延伸出具体的二级和三级评估指标，进而确保动态化评估结果能够全面反映研究与动态保护的全过程所取得的阶段性成果，以及优化与调整的具体细节和建议。

五、音乐声音类民间文献遗产实现动态化保护的思路

音乐声音类民间文献遗产在中国民间文献遗产中，不仅扮演着极为重要的角色，还具有举足轻重的地位。前者主要体现在充分彰显中国民间音乐的艺术性，后者主要体现在对我国民间音乐发展与传承起到极为重要的推动作用。因此，要对该类文献遗产进行动态化保护，其具体思路应包括三个方面。

（一）尊重民间音乐声音地域特色并进行历史溯源

在音乐声音类民间文献遗产研究实践中，实现动态化保护的首要环节就是结合所在地域的文化特色，开展相关的历史溯源工作。其中，要结合地域音乐文化传承与发展的现状，对可能存在的民间音乐声音进行全面而又深入的辨析，从中探明民间音乐声音的痕迹，初步确定民间音乐声音可能存在的区域范围。在确定其存在范围的基础上，要确立研究对象和研究项目，为发掘、整理、修复、保护、管理，甚至拯救该类民间文献遗产夯实基础，为全面落实动态化保护全过程提供可靠的依据。

（二）立足动态评估系统明确音乐声音类民间文献遗产保存现状

动态化评估是针对音乐声音类民间文献遗产的历史真实性、文化价值性、社会作用性三个方面作出客观评估，从而反映文献遗产研究的价值，并且客观呈现文献遗产可复原的程度，最后确定不可复原的文献遗产是否具有载体转移的可行性。对此，应该从四方面入手：

第一，鉴定音乐声音类民间文献遗产的历史真实性。民间文献遗产研究的首要工作是针对其研究对象的真实性进行深入分析。因为音乐声音类民间文献遗产出自民间，所以在很大程度上存在不确定性，只有确定其历史真实性才能保证其深层次地体现历史价值、文化价值、社会作用，推动中华民族非物质文化遗产的传承。

第二，深挖音乐声音类民间文献遗产的文化价值。在明确研究对象历史真实性的基础上，要结合当今时代文化事业发展的大背景与新要求，对研究对象的文化价值进行客观研判，为全面推进我国民间非物质文化遗产研究事业的又好又快发展奠定坚实基础。

第三，反映音乐声音类民间文献遗产的社会作用。在明确该类民间文献遗产的文化价值和历史意义的基础上，要深入探明其对未来社会文化事业发展的作用，充分反映音乐声音类民间文献遗产的社会作用，力求研究成果能够成为推进我国新时代文化事业发展的力量。

第四，明确该类民间文献遗产的保存现状。在动态化评估工作中，不仅要对其历史真实性以及所具有的各种作用、意义、价值进行鉴别，还要对研究对象的现实情况进行系统评估，从而反映出文献遗产本身的完整度以及可复原的程度，为后续科学选择技术手段，以及提出措施方案提供客观前提。

（三）科学制订发掘、整理、修复、保护与管理的动态化方案与措施

在获得动态评估结果及相关建议的同时，研究人员要针对评估结果进行深度分析，深刻认识动态评估建议的可行性，并以此为依据科学制订发掘、整理、修复、保护与管理的动态化方案与措施。在音乐声音类民间文献遗产的发掘上，要立足其所在地域各个历史时期民间音乐声音的实际情况，深层次挖掘可能存在并富有民间特色的音乐声音，从而为该类民间文献遗产的发掘指明方向。在音乐声音类民间文献遗产的整理上，要结合发掘出的该类民间文献遗产的相关内容，对其真实度、价值的显著度、作用情况以及损毁程度和可复原程度进行客观评估，为该类民间文献遗产的修复工作奠定坚实的基础。在音乐声音类民间文献遗产的修复上，要注重先进技术手段的合理选择与科学运用，尽可能复原该类民间文献遗产的载体，并且将不能复原的文献遗产进行有效的载体转移，力求音乐声音类民间文献遗产可以在后世永久性地清晰展示。在音乐声音类民间文献遗产的保护上，要优化其保存环境，使仪器设备的使用始终保持科学合理，全面提升该类民间文献遗产保存的永续性。在音乐声音类民间文献遗产的管理上，要做到实时性监督、阶段性评价、动态化调整保护方案与措施，确保该类民间文献遗产动态化保护工作的高质量。

六、文学传记类民间文献遗产实现动态化保护的思路

文学传记类民间文献遗产之所以作为中国民间非物质文化遗产的重要组成部分，并且在中华优秀传统文化中占据重要的位置，是因为其历史意义、文化价值、社会价值极为突出，是中华民族精神支柱的本源之一。因此，文学传记类民间文献遗产保护工作的定位需要得到提升，其实施过程应该呈现出高度的动态化，具体思路包括以下三方面。

（一）文学传记类民间文献遗产保护的统筹性

从当前我国已经成功发掘，并进行有效整理和保护的文学传记类民间文献遗产所取得的成果来看，《格萨尔》《玛纳斯》《江格尔》三大史诗最为著名，相关工作人员在发掘、整理、抢救工作中付出了巨大的艰辛，攻克了多项难关，取得了辉煌的成绩。这种具有民间色彩，能够突出中华民族气质的文学传记在我国数不胜数，初步统计有上千部之多，绝大多数还有待发掘和

研究。在这里，除了上述提到的三大史诗之外，其他文学传记类民间文献遗产的发掘、整理、修复、保护、管理、推广工作要与之保持同样的高度，要深刻意识到其历史价值、文化价值、艺术价值，以多方协同统筹保护的模式，确保各项举措的深化落实，进而提升文学传记类民间文献遗产保护的完善性、系统性、科学性。

（二）利用大数据库丰富文学传记类民间文献遗产保护内容

从当前我国所处的时代发展大环境和大背景出发，大数据、云计算、人工智能等技术已经成为各行各业在各个领域寻求可持续发展的核心技术，也是成就其高质量发展的重要技术载体。这一时代发展大背景下，建立数据库可以作为文学传记类民间文献遗产保护工作高质量发展的重要抓手，让文学传记类民间文献遗产保护内容得到最大限度的完善。其中，在文学传记类民间文献遗产发掘方面，要结合大数据和云计算技术，对各地区民间传统文化发展的历史与现状进行溯源，判断可能存在的文学传记类民间文献遗产，并对其进行深入的发掘与整理。在修复与保护方面，不仅要对文献载体进行全面的修复和保护，还要对其传承路径进行修复与保护，并结合该类民间文献遗产内容的丰富程度进行阶段性评价，力求文学传记类民间文献遗产保护的效益始终保持最大化。

（三）采用先进的技术手段开展保护工作并实施动态化评估

文学传记类民间文献遗产的发掘、整理、修复、保护、管理工作的全面开展，需要考虑的因素较多，因此要采用先进的技术手段，确保文献载体能够清晰呈现，使文学传记所蕴藏的价值得到广泛推广。除此之外，还要针对其修复过程、保护过程、管理过程进行动态化评估，使修复、保护、管理工作达到预期目标与要求，并根据动态化评估结果，对保护措施进行及时性、针对性、科学性的调整，确保文学传记类民间文献遗产动态化保护的方案始终具有科学合理性，保证该类民间文献遗产的作用与价值得到最大限度的体现。

综上所述，能够深刻感受到在当今中国民间文献遗产研究活动中，构建一套切实可行的动态化保护方案是一项系统性工作，不仅要将保护计划提升到"战略统筹"的高度，还要高度重视保护内容、技术手段、各个细节、动态评估等方面，这样才能确保中国民间文献遗产保护既遵循差异化，又能始终保持精准化与动态化，让更多的濒危民间文献遗产得到及时发掘，并保护好、传承好、发展好。

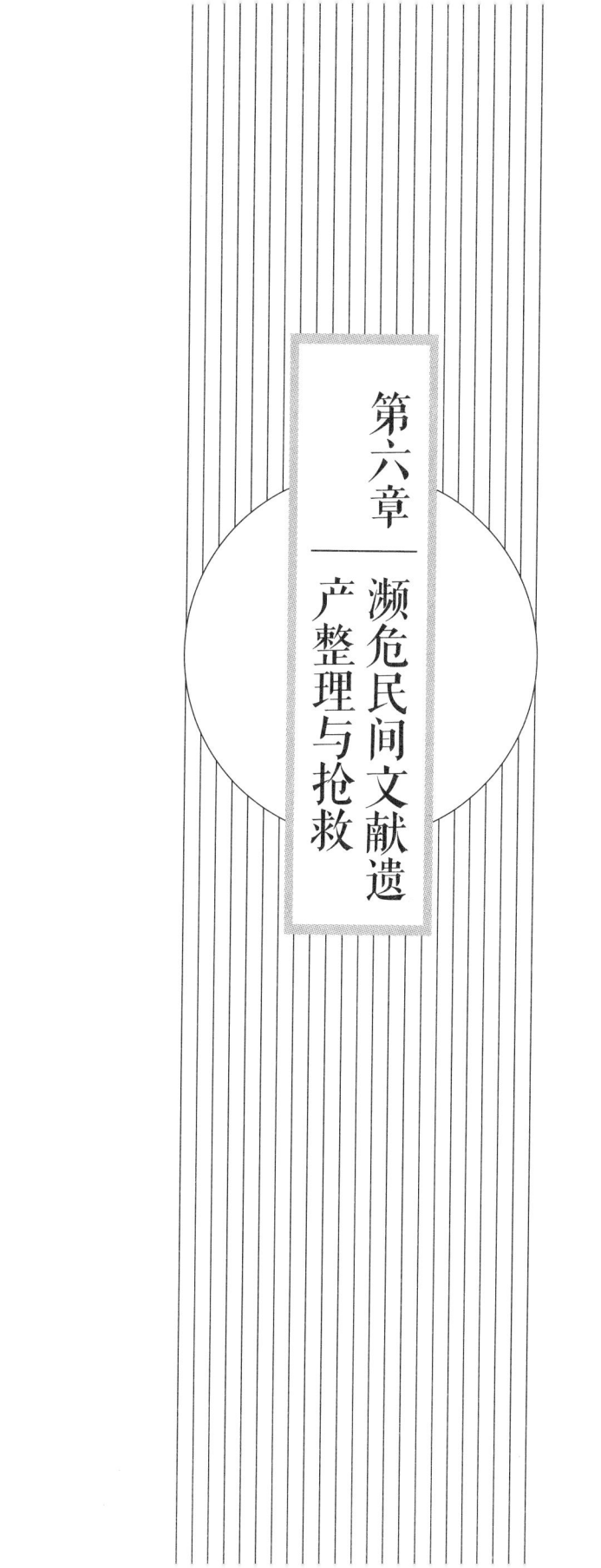

第六章 濒危民间文献遗产整理与抢救

濒危民间文献遗产是指即将失传，并且具有民族性和民间性双重特征的文献遗产的总称，将其进行系统化的整理与抢救功在当代，利在千秋。但是，科学开展濒危民间文献遗产系统性整理与抢救需要明确的内容较多，具有较高的复杂性。因此，在当今时代整理与抢救中国濒危民间文献遗产要面对诸多的挑战。笔者认为，首先要明确濒危民间文献遗产整理与抢救的原则，其次要找到整理与抢救的重要支点，最后要实现整理与抢救措施的不断更新。

第一节　濒危民间文献遗产整理与抢救的原则

"原则"即出发点，也可以视作工作开展的初衷，具有极为明显的导向功能。在各项系统性工作付诸实施之前，都要有明确的原则作为导向，以此来保证各项工作的开展始终能够围绕根本的出发点进行，并取得预期成果。濒危民间文献遗产整理与抢救工作是一项系统性工程，需要有完善的原则作为前提和支撑，引导濒危民间文献遗产整理与抢救工作的全面开展。濒危民间文献遗产整理与抢救原则如图6-1所示。

```
濒危民间文献遗产整理与抢救原则
├── 濒危民间文献遗产整理原则
│   ├── 整体性排查原则
│   ├── 鉴定真实性原则
│   ├── 明确完整性原则
│   ├── 核定技术标准原则
│   └── 规范化数据统计原则
└── 濒危民间文献遗产抢救原则
    ├── 级别划分原则
    ├── 统一协调原则
    ├── 单头介入原则
    ├── 规范性原则
    ├── 结合实际原则
    └── 充分的资源保障原则
```

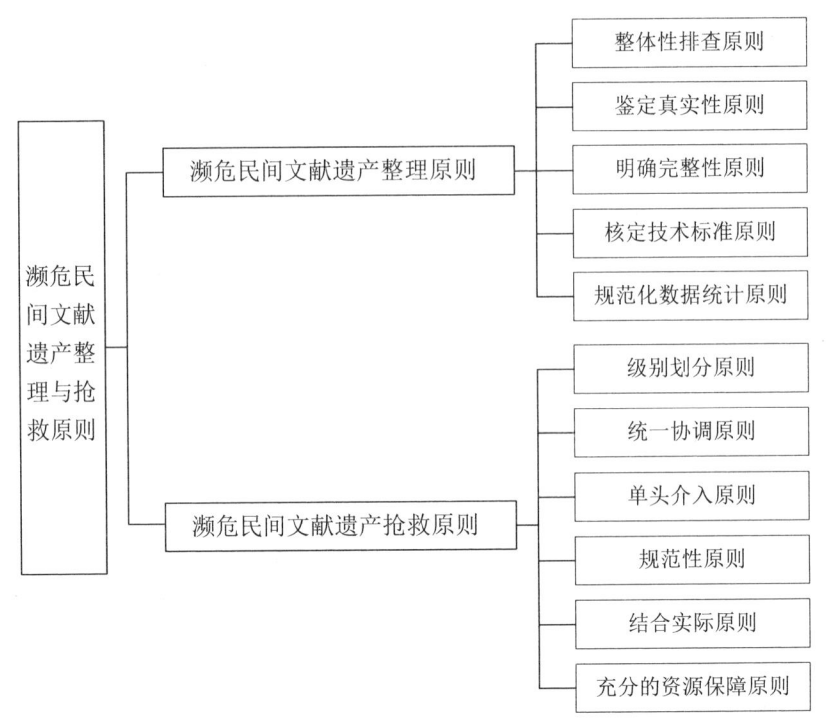

图 6-1　濒危民间文献遗产整理与抢救原则概括

一、濒危民间文献遗产整理原则

濒危民间文献遗产抢救工作的基本前提就是对其进行系统性整理，以保证抢救工作能够顺利进行并具有有利的前提条件。对此，必须有完善的原则作为导向，以确保整理工作能够抓住重点，并且突显出各自的关键性作用。整理濒危民间文献遗产必须遵循以下原则。

（一）整体性排查原则

随着时代的发展，中华民族已经掀开了历史崭新的一页，全面建设中国特色社会主义现代化强国成为历史新阶段的基本任务。古语有言，"以史为鉴，可以知兴替"，在新时代背景之下，深入挖掘中华优秀传统文化自然成为回顾历史，认知未来的重要突破口，更是将我国建设成为文化强国，实现中华民族伟大复兴的重要抓手。中华民族作为拥有五千多年文明史的优秀民族，所取得的众多成就和所具有的智慧普遍出自民间。但就当前而言，已经发掘的民间文献遗产种类尚不全面，依然有很多具有地域特色的民间文献遗产尚未被发掘出来，甚至处于濒危的境地。为此，在当今中国民间文献遗产研究与保护工作中，必须做到整体性排查，根据地域发展历史，判断出必然存在或可能存在的民间文献遗产，从中确定处于濒危状态的文献遗产条目，进而为其抢救工作的有序进行奠定坚实的基础。

例如，水书作为我国极具代表性的文献遗产，其历史价值、文化价值、社会价值、学术价值不言而喻，可是现已发掘出的水书数量少之又少，已经处于濒临灭绝的边缘，21世纪初，全国范围内只有1000多名"水书先生"其中80%以上是60岁以上老人。因此，水书虽被列为我国民间文献遗产濒危抢救之列，"水书先生"的保护与技能传承也要视为重点关注对象。这正是濒危民间文献遗产整理工作中，整体性排查原则发挥实质性作用的具体体现，也是濒危民间文献遗产抢救工作的基础。

（二）鉴定真实性原则

民间文献遗产出自我国各个历史时期的民间，不仅是基层广大劳动人民智慧的集中体现，更是"最接地气儿"的民族文化，是我国各个历史时期"草根文化"的代表。但不可否认的是，很多民间文献遗产只是反映了民间传说，或者是后人根据民间传说的记录，而在历史长河中并没有办法证明其存在，所以这一部分所谓的民间文献遗产并不具备历史价值、文化价值、社会价值，也不具备抢救的意义。对此，在濒危民间文献遗产整理工作全面开展的过程中，要在明确濒危民间文献遗产抢救对象的基础上，对其历史真实性进行客观鉴定，并将其视为一项极为重要的原则，使濒危民间文献遗产抢救工作更加具有针对性和实效性。这显然是不断丰富中国民间文献遗产的有力举措，也是更多中国民间文献遗产能够得到永续保存的根本保障条件。

（三）明确完整性原则

在进行濒危民间文献遗产整理工作中，要在确定其真实性的基础上，明确其完整性，以此为濒危民间文献遗产抢救工作的全面开展提供更为准确的信息，从而确定抢救的流程和所需的技术支撑条件。在此过程中，要对文献载体所呈现的内容进行检测，在获得文献载体完整度的准确数值的同时，确定文献载体呈现内容的完整程度，这样能够在濒危文献遗产抢救工作中，对文献遗产进行有效的级别划分提供有力证据。除此之外，还要明确濒危文献遗产载体与内容的可复原性，初步判断将其有效修复的可能性。这无疑为抢救濒危民间文献遗产提供了极为有利的客观依据，并且能够在最大限度上节省濒危民间文献遗产抢救的时间。因此，明确濒危民间文献遗产完整性必须作为濒危民间文献遗产整理工作的一项基本原则。

（四）核定技术标准原则

技术无疑是濒危民间文献遗产抢救工作的重要支撑条件，其先进性对抢救结果起到决定性作用。而技术先进性主要取决于技术标准的高与低，技术标准较高意味着所需的技术条件具备较高先进性，反之则相反，因而核定技术标准必须作为濒危民间文献遗产整理工作的基本原则之一。因此，在濒危民间文献遗产整理工作中，要在明确其历史真实性和完整性的基础上，结合其产生的年代、损毁程度、完全修复的可能性等多个方面，制定技术标准，从而确保技术手段的选择能够满足濒危民间文献遗产抢救的需要。此外，还要最大限度地保持同等技术标准的技术条件的多样化，从而为有效调整濒危民间文献遗产抢救方案提供更多的技术支撑条件。

（五）规范化数据统计原则

在开展濒危民间文献遗产整理工作的过程中，整体性排查的目的在于广泛发掘存在的濒危文献遗产究竟包括什么，鉴定其真实性的目的是确保抢救濒危文献遗产的价值能够得到最大限度突显，鉴定其完整性的目的则在于明确是否能够将其进行有效修复，并且客观认知修复的难度。而核定技术标准则是为了使所采用的技术手段更加精细化、高端化，以保证濒危民间文献遗产抢救工作的质量达到最佳。但不可否认的是，濒危民间文献遗产的整理工作是一项系统性和复杂性较高的工程，其中整体性排查、鉴定真伪、明确真实性和完整性都需要有充足的数据作为支撑。数据统计工作的有效开展无疑是至关重要的一环，不仅起着重要的支撑作用，也起着决定性作用。因此，在濒危民间文献遗产整理工作中，必须将规范化数据统计视为一项基本原则，还要将其流程不断加以细化，并将其应用于濒危民间文献遗产抢救工作中。

二、濒危民间文献遗产抢救原则

全面开展濒危民间文献抢救工作的目的让我国民间非物质文化遗产能够尽可能得到全面保留，让民间文献遗产在当今乃至未来更好地启示后人和服务社会发展。对此，在抢救濒危民间文献遗产的过程中，不仅要立足普适性保护理论的核心观点，强调保护过程的动态化，更要深层次体会濒危民间文献遗产所具有的"濒危性"特征，以最为有效的方案、流程、措施，在第一时间对其实施抢救，进而实现上述目标。因此，在抢救濒危民间文献遗产的过程中，必须坚持以下原则，以确保抢救工作的质量。

（一）级别划分原则

毋庸置疑，濒危民间文献遗产抢救工作必须有一套完善度高、系统性强的要求作为支撑，进而保证濒危民间文献遗产抢救工作的开展效果趋于理想化，使更多的濒临灭绝的民间文献遗产能够得到永续保存，对国家、民族、社会的可持续化和又好又快发展发挥应有的作用，最大限度地体现历史、文化、社会价值。对此，对濒危民间文献遗产进行科学合理的级别划分显然是至关重要的一环，也是最大限度地提升濒危民间文献遗产抢救工作效率的基础条件。其中，要根据民间文献遗产年代的久远性，以及民间文献遗产的损坏程度和利用率等多个方面，对其进行抢救级别的划分，先抢救年代较为久远、载体损坏程度较大、社会利用率较高的民间文献遗产，后抢救年代较近、载体损坏程度较小、社会利用率较低的民间文献遗产，以确保民间文献遗产在抢救过程中能够最大限度地保留其历史价值、文化价值、社会价值。

例如，在文契类民间文献遗产抢救与保护中，文献本身出自的年代不同，并且自然环境和人为因素所造成的损坏程度各有不同，可修复的程度也有着明显的不同。因此，在进行濒危文契类民间文献遗产抢救的过程中，先要结合文献载体和信息产生的年代进行时间段划分，然后以此为基础再根据其损坏程度的大小进行再次划分，接下来结合可修复性的高低进行最后划分，最终确立将年代久远、载体与信息损坏程度较大（完整性不高）、修复可行性较高的文献遗产列为濒危抢救之列，并且予以优先抢救与保护。其他文献遗产的抢救与保护也应按照该原则进行，以确保其历史价值、文化价值、社会价值、学术研究价值能够得到永续保持，使我国民间非物质文化遗产能够得到进一步丰富。

（二）统一协调原则

众所周知，濒危民间文献遗产抢救工作有着时间紧、任务重、头绪多、责任大的特点，并且所面临的挑战较多，不仅要有责任主体组织各项工作全面落实，还要在落实过程中形成有效的配合，以确保抢救流程中的各项工作能够扎实稳健地开展，最终收到理想的抢救效果。因此，统一协调应该成为濒危民间文献遗产抢救工作的基本原则之一。其中，要按照濒危民间文献遗产抢救的预定方案，统一组织，统一管理，确立项目主体和基本责权的同时，形成有效的管理与协调机制，需要参与濒危民间文献遗产抢救工作的各个部门或机构统一接受调度、统一接受任务布置与安排、统一进行实践经验与观点的交流、统一进行工作内容的调整，进而避免濒危民间文献遗产抢救全流程出现各种矛盾。这无疑是全面提升濒危民间文献遗产抢救工作效率的重要保障，更是全面确保我国民间非物质文化遗产最大限度体现历史价值、文化价值、社会价值的关键。

（三）单头介入原则

从以往我国民间文献遗产整理的现实情况来看，其流程通常是在确定濒危民间文献遗产抢救项目之后，各部门统一介入，同时开展现状调查、信息整理、计划制定、方案设计、措施落实等各项工作。虽然多方介入能够促进濒危民间文献遗产抢救工作的全面开展，但很难做到多方有条不紊地开展各自的工作，导致抢救工作的各个阶段存在工作性质、内容、目的重叠的情况，这显然会在无形中浪费宝贵的抢救时间，严重影响濒危民间文献遗产抢救的效率。对此，笔者认为以"单头介入"为主要原则能改变这一现状。具体地说，在确定濒危民间文献遗产抢救项目后，每一个阶段都要由某一个机构或部门牵头，率先介入并明确相关责任，其他相关部门要予以大力配合，进而使濒危民间文献遗产抢救工作在每一阶段都有明确的主体发挥组织与决策作用，形成多方协同配合的局面，以此确保濒危民间文献遗产抢救工作的顺利进行，全面提高抢救效率。

（四）规范性原则

各个领域中各项工作的有效落实都必须做到操作规范严谨，没有遗漏，特别是在实践操作性较强的工作环节中，如不能做到操作流程和行为的规范严谨，必然会造成严重后果。由于濒危民间文献遗产抢救工作不仅在计划制定方面需要具有极强的严谨性，而且在各项抢救措施的落实过程中，需要有高度规范的操作要求作为保证，来确保濒危文献遗产在工作人员手中长时间保存下去，让其所具有的意义、作用、价值得以最大限度发挥。对此，"规范性"自然要被视为濒危民间文献遗产抢救工作必须遵守的原则，它不仅体现在先进技术的应用层面，还体现在操作流程的实施和理想保存环境的构建层面，以最大限度地提高濒危文献遗产抢救工作的质量，达到全力抢救我国濒危民间文献遗产的最终目的。

(五)结合实际原则

在濒危民间文献遗产的抢救工作中,相关人员要立足濒危民间文献遗产的实际状况,运用抢救方案中的各项措施通过科学的技术手段,对其进行理想化的修复,最终使其以最为原始的状态清晰地呈现在世人面前,将其历史价值、文化价值、社会价值最大限度保留下来,用于启示和服务后人。因此,结合实际并尊重现实情况,就成为抢救濒危民间文献遗产工作必须遵循的一项基本原则,也是全面提升濒危民间文献遗产抢救与保护质量的关键。

(六)充分的资源保障原则

濒危民间文献遗产抢救与保护工作是一项系统工程,具体表现为在抢救计划、抢救流程、抢救措施、技术手段、保护与管理方面往往都需要特事特办,通常不能采用以往民间文献遗产研究与保护的方案或措施。这就需要在人力资源、经费、技术支撑方面提供更为有力的保障。在人力资源方面,要做到权威专家在抢救工作的具体阶段及时到位,确保阶段性抢救工作实施方案科学合理。在经费方面,要结合我国现有的文献遗产保护政策,划拨充足的特殊经费,以支持与国外研究机构进行多方经验和技术方面的交流。在技术支撑方面,要确保先进的物质材料修复技术能在第一时间提供给濒危民间文献遗产抢救项目小组,助力其攻克技术性难题或瓶颈,以使濒危民间文献遗产抢救工作的顺利开展拥有强大的技术保障。这也是将充分的资源保障作为当今时代濒危民间文献遗产抢救工作基本原则的缘由。

综上所述,在当今濒危民间文献遗产整理与抢救的过程中,既要做到整理流程的制定高度合理,又要做到抢救工作的高效进行,由此方可确保濒危民间文献遗产的抢救效果达到最佳。认真贯彻并落实上述各项原则只是工作的开端,更重要的是找到理想的支点,让濒危民间文献遗产整理与抢救措施能够始终处于不断更新的状态。

第二节 濒危民间文献遗产整理与抢救的重要支点

在濒危民间文献遗产整理与抢救工作中,在目标转化为现实的道路中,要把握好重要支点,以确保濒危民间文献遗产整理与抢救工作不仅具有实效性,还能体现高效性。濒危民间文献遗产整理与抢救的重要支点概括如图

6-2 所示。

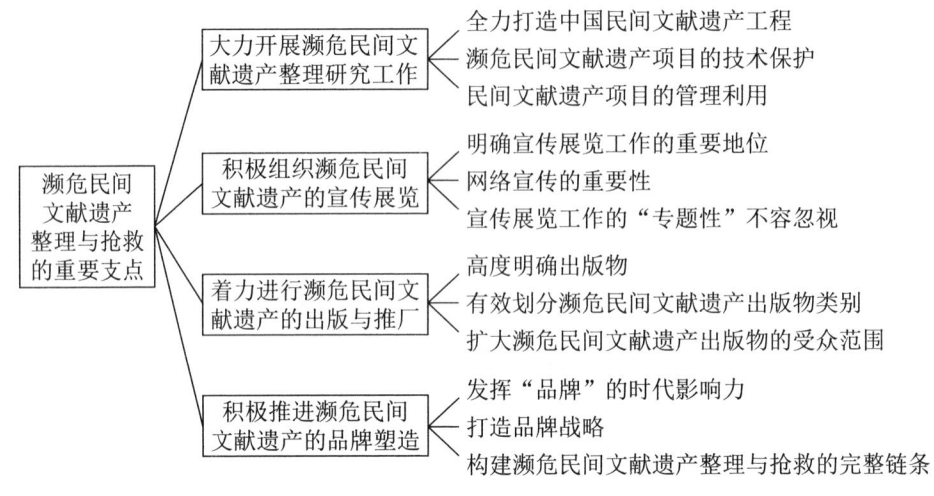

图 6-2　濒危民间文献遗产整理与抢救的重要支点概括

濒危民间文献遗产整理与抢救的重要支点：
- 大力开展濒危民间文献遗产整理研究工作
  - 全力打造中国民间文献遗产工程
  - 濒危民间文献遗产项目的技术保护
  - 民间文献遗产项目的管理利用
- 积极组织濒危民间文献遗产的宣传展览
  - 明确宣传展览工作的重要地位
  - 网络宣传的重要性
  - 宣传展览工作的"专题性"不容忽视
- 着力进行濒危民间文献遗产的出版与推广
  - 高度明确出版物
  - 有效划分濒危民间文献遗产出版物类别
  - 扩大濒危民间文献遗产出版物的受众范围
- 积极推进濒危民间文献遗产的品牌塑造
  - 发挥"品牌"的时代影响力
  - 打造品牌战略
  - 构建濒危民间文献遗产整理与抢救的完整链条

通过图 6-2，不难发现当前乃至未来濒危民间文献遗产整理与抢救工作要真正做到提质增效，就必须从多方面入手，由此才能保证濒危民间文献遗产整理与抢救得到更为广泛的关注，使濒危民间文献遗产整理与抢救的效果实现最大化。

一、大力开展濒危民间文献遗产整理研究工作

从工作性质出发，濒危民间文献遗产整理与抢救工作在中国民间文献遗产研究和保护活动中，具有一定的特殊性，无论是在时间方面，还是在技术方面都有着较高的要求，需要研究人员克服众多困难，方可确保理想的抢救效果。但是，工作过程必须有明确的目标、系统的流程、全方位的措施作为保障。因此，大力开展濒危民间文献遗产整理研究工作就成为至关重要的一环，并被置于首位。笔者认为应重点关注以下三方面。

（一）全力打造中国民间文献遗产工程

濒危民间文献遗产整理与抢救工作的全面开展需要有系统性的方案作为支撑，才能使濒危民间文献遗产整理与抢救的项目、方向、措施更为细致，抢救与保护的效果更加理想。所以，濒危民间文献遗产整理与抢救工作的系统化方案应有中国民间文献遗产工程作为指导，全力打造这一工程必须作为濒危民间文献遗产整理与抢救的重要支点之一。

就当前中国民间文献遗产研究与保护项目而言，最具代表性的莫过于

"契约文书"和"水书"两种。这两种文献遗产水书已经入选《国家非物质文化遗产名录》、契约文书中锦屏文书已入选《中国档案文献遗产名录》。契约文书现存数量堪称之最,水书整理、抢救、保护力度更是前所未有。这些濒危民间文献遗产整理、抢救、保护工作所取得的成绩无疑都源于项目工程的确立与实施。为此,全力打造中国民间文献遗产工程必须被视为濒危民间文献遗产整理与抢救工作的首要环节。其具体操作应包括三个方面:第一,设立相关的国家社科基金项目,既要包括濒危民间文献遗产发掘与整理项目,又要涵盖民间文献遗产抢救措施的技术研发项目等。第二,建立国家重点民间文献遗产项目,涉及民间文献的抢救、保护与开发,使濒危民间文献遗产抢救工作上升到国家层面,全面提高我国民间文献遗产研究的力度与水平。第三,确立国家民间文献遗产科技项目,并要求有关部门或机构将所整理的成果和研究的领域上报上级有关管理部门或者权威专家,经其鉴定和审批之后,方可成立濒危民间文献遗产整理与抢救项目。上述三个方面能够将濒危民间文献遗产整理与抢救工作提升到国家层面,使濒危民间文献遗产整理与抢救工作的工程性更为明显。同时,实施方案也进一步凸显明确性和系统性,能够为全面提高中国濒危民间文献遗产整理与保护水平奠定坚实基础,为各项工作的实质性开展提供强有力的指导。

(二)濒危民间文献遗产项目的技术保护

所谓的"濒危民间文献遗产项目的技术保护",其实质就是针对濒危民间文献遗产的抢救与保护问题进行技术性的实践与研究。该类项目主要是以国家文化科技部门所支持的项目为主。其不仅包括国家濒危民间文献遗产整理、抢救、保护工作的设备研制,还包括现有技术的升级改造,同时涉及国家濒危民间文献遗产整理与抢救的策略设计以及数字化著录等相关内容。

例如,早在20世纪80年代,我国就已经提出了"中国契约学"概念,并且在最近的几年中,在福建省永安市设立了"以永安明清契约文书研究社会经济史"项目。该项目内容,包括国家针对民间文献资料修复的技术及相关设备的研制,以及民间契约文书资料的数字化应用方案研究等,而这也是全面提高我国濒危民间文献遗产整理与抢救水平的技术支撑条件。另外,我国在2015年还确立了西夏契约文书研究项目,该项目的研究内容不仅包括该契约的溯源工作,以及该契约在我国古代社会的经济、法律、人文等方面的作用和价值,还包括相关技术支撑条件的研究与开发,以确保溯源工作的顺利开展,同时为其历史价值、文化价值、社会价值的研究提供有利的技术辅助条件，让该濒危文献遗产的整理与抢救工作顺利进行。上述项目显然为我国濒危民间文献遗产的整理、抢救、保护工作提供了强有力的技术支撑，能够提高我国民间文献遗产整理与抢救工作的质量，同时能确保其效率实现最大化。这也是全力打造中国民间文献遗产工程的实际作用与价值的切实体现，必须在当今中国民间文献遗产研究工作，特别是濒危民间文献遗产抢救工作中高度重视。

（三）民间文献遗产项目的管理利用

在濒危民间文献遗产整理研究工作中，民间文献遗产项目的管理利用是中国民间文献遗产工程的重要组成部分，其目的就是对濒危民间文献遗产进行有效管理，其内容主要以濒危民间文献遗产的开发与利用为主，进而确保濒危民间文献遗产的有效识别、有效整理、有效抢救、有效保护、永续性传承与弘扬，使其历史价值、文化价值、社会价值得到最大限度彰显，从而推动当今乃至未来社会经济、文化、法律等领域的全面发展。具体地说，该类民间文献遗产整理与抢救项目的重点在于管理系统的研发、数据库的全面建设、方案的设计与优化等，以此确保在濒危民间文献遗产得到有效发掘之后，能够对其载体、信息进行有效的管理，并且对其整理、抢救、保护的进度与实际操作情况进行系统化的处理，让濒危民间文献遗产研究工作有条不紊地进行的同时，更加突出实际操作的高效性。

例如，在水书领域的濒危民间文献遗产整理与研究工作中，中国科学院确立了"水族象形文字"研究项目，并且将其列入濒危民间文献遗产条目之中。该项目的研究主要包括三个方面：第一，立足现有水族文字研究成果，建立水族象形文字管理数据库，为系统性发掘、整理相关材料提供强有力的信息技术保障。第二，打造水族象形文字大数据库，将文献载体和文献信息的状态进行数据录入，同时全面维护"水书先生"的数量，并将统计数据上传至大数据库全面维护。第三，根据管理方案和数据库所生成的相关信息，制订水族象形文字相关信息资料的发掘、整理、抢救、保护方案以及水族象形文字利用方案。以上三个方面显然使该民间濒危文献遗产的整理工作具有系统性，使其抢救、保护、管理工作得到高质量地开展，具有科学性和条理性。

二、积极组织濒危民间文献遗产的宣传展览

濒危民间文献遗产整理与抢救需要汇聚全民族的智慧，这样方可不断改

善濒危民间文献遗产整理与抢救的效果。为此，积极组织濒危民间文献遗产的宣传展览无疑是必然选择。笔者认为其流程应该包括以下三个方面。

（一）明确宣传展览工作在濒危民间文献遗产整理与抢救中的重要地位

濒危民间文献遗产宣传展览活动的全面开展，会推动更多的人去了解中国民间文献遗产的种类、数量，同时能够让更多的人了解到中华儿女自古就有的智慧，以及在不同的历史时期内，各个领域所取得的令人叹为观止的伟大成就，从而坚定广大民众的文化自信，并吸引大众关注濒危民间文献遗产。这显然有助于我国濒危民间文献遗产整理与保护工作的高质量开展。

在宣传展览的形式上，要有打破常规的思想，强调宣传展览路径与时俱进，既要将濒危民间文献遗产进行实地展出，向广大群众讲解所展出的濒危文献遗产的历史价值、文化价值、社会价值，还要向其宣传如何对这些濒危的文献遗产进行有效发掘、整理、抢救、保护和管理，力求濒危民间文献遗产整理与抢救工作拥有较为坚实的群众基础。另外，还要注重"互联网＋宣传展览"模式的运用，使濒危民间文献遗产的宣传展览由有形化向无形化迈进。互联网是信息传播速度最快，传播范围最广的途径，将其应用到濒危民间文献遗产宣传展览工作中，能够在最大限度上扩大受众范围，提高广大人民群众对濒危民间文献遗产整理与抢救的关注度，夯实我国各类民间濒危文献遗产整理与抢救工作的群众基础。这显然与我国民间文献遗产研究工作的根本初衷一致，并且有助于濒危文献遗产整理与抢救工作效率的最大化，故而应将其视为我国濒危民间文献遗产整理与抢救的一个重要支点。

（二）将网络宣传作为宣传展览途径的基本选择

在上文中，笔者已经提到了濒危民间文献遗产宣传展览的模式应该将"互联网＋宣传展览"作为主要选择，但只对其原因和重要意义进行了阐述，并没有涉及具体的实施过程。下面笔者就对此加以具体介绍，主要包括三方面：

第一，有关主管部门建设官方网站，将我国濒危民间文献遗产整理与抢救项目进行全网公示。网站要包括多个模块，如我国濒危民间文献遗产整理与抢救项目具体介绍、我国濒危民间文献遗产整理与抢救项目的工作进程和成果、我国濒危民间文献遗产整理与抢救所遇瓶颈、我国濒危民间文献遗产整理与抢救技术攻关、群众"意见箱"等，以确保我国濒危民间文献遗产整理与抢救项目能够通过网络渠道深入人心。

第二，开通濒危民间文献遗产整理与抢救专属App，实现整理与抢救项目与广大民众的积极互动。当前，我国已经进入5G时代，"智能化"已经成为社会发展的代名词，智能手机等通信设备的功能也日趋强大。这不仅给人们了解历史、了解社会、了解未来提供了方便，更为人们了解社会发展新动态提供了理想的平台。为此，我国濒危民间文献遗产各级有关主管部门要紧紧依托时代发展的大环境，打造某专属App，确保濒危民间文献遗产整理与抢救工作受到全民族的高度关注，同时从中获得更多的群众智慧。

第三，开设濒危民间文献遗产整理与抢救微信公众号，确保整理与抢救项目能够得到民众的广泛关注。在当今社会发展进程中，"微信公众号"的社会影响力巨大，能够将社会热点信息广泛传播，引起大众的高度关注。我国濒危民间文献遗产整理与抢救是全民族的重要使命，通过有影响力的传播途径，将其广泛传播，激起全民的高度关注势在必行。有关主管部门应全力打造专属"微信公众号"，并定期向民众推送相关信息，如我国濒危民间文献遗产整理与抢救项目的进展及成果展示等，使濒危民间文献遗产整理和抢救工作能集全民之力。

（三）"专题性"要作为濒危民间文献遗产宣传展览的基本方向之一

濒危民间文献遗产宣传展览工作的全面开展，必须具备较强的目的性，这样方可使濒危民间文献遗产整理与研究工作开展的力度、进程、效果实现最优化，并做到集群众之力、汇群众之智、得理想之果。因此，必须将"专题性"作为濒危民间文献遗产宣传展览的基本方向之一。其实践操作的基本流程应包括三方面：第一，围绕当前我国文化事业发展的大趋势，明确濒危民间文献遗产宣传展览的时代主题。例如，在水书濒危民间文献遗产宣传展览活动中，要结合其时代意义、作用、价值，明确"象形文字——人类文明进步的起源"这一宣传展览主题，让人们意识到在我国古代就已经有最原始的文字记载，它是现代文字的"始祖"，不仅是民族智慧的结晶，也是民族文化发展的重要象征，成就着中华民族文明的发展，进而让该领域濒危民间文献遗产的整理与保护引起全民关注，并得到全民的高度重视。第二，结合宣传展览主题制订濒危民间文献遗产整理与抢救措施的普及方案。在明确濒危民间文献遗产宣传展览时代主题的基础上，要向全民普及整理与抢救措施，并不断完善普及方案，其主要包括我国当前民间文献遗产整理与抢救的主要做法、具体实施流程、技术手段的攻关与取得的成果等。这不仅能够唤起广大民众对民族文化传承与发展的自豪感以及自信心，更能确保民众对濒危民间文献遗产整理与抢救的认知高度得到不断提升。第三，重视濒危民间文献遗产专题性宣传展览的信息回馈，将其视为有效调整濒危民间文献遗产整理与抢救措施的重要依据。在专题性濒危民间文献遗产整理与抢救的宣传展览活动中，要注重与广大民众之间的积极互动，全面收集来自民众的意见与建议。这不仅有助于民间文献遗产整理与抢救工作措施与方案的有效改进，更有助于相关技术的不断革新，从而助力我国濒危民间文献遗产整理与抢救工作质量的不断提升。

三、着力进行濒危民间文献遗产的出版与推广

中华民族的发展与进步离不开广大中华儿女的共同努力，这也是中华民族不断取得辉煌灿烂的历史成就的"灵魂"。只有追溯历史，了解过去方可促进民族新时代的发展，这显然需要中华儿女共同为之付出努力。濒危民间文献遗产整理与抢救工作的全面开展尤其如此。除了积极组织濒危民间文献遗产宣传展览之外，还要将侧重点落在濒危民间文献遗产的出版发行上，从而提高濒危民间文献遗产整理与抢救工作的质量。

（一）高度明确出版物

结合笔者在上文中所阐述的观点，濒危民间文献遗产整理与抢救离不开广大基层群众的有力支持，积极组织濒危民间文献遗产宣传展览能让群众的"生力军"作用得到最大限度发挥。除此之外，还有一种途径能够进一步提升这一效果，即高度明确濒危文献遗产整理与抢救的出版物。在具体操作过程中，笔者认为应该从三方面入手：

第一，高度明确我国历史文化馆所限定的出版物种类。毋庸置疑，中国文化遗产研究院作为中国民间文献遗产研究的权威机构，所出版的刊物、专著具有一定的权威性，能够正确引导大众及有关学者在民间文献遗产发掘、整理、抢救、保护方面选择具体的原则与措施，对我国濒危民间文献遗产整理与抢救工作有一定的指导作用。对此，笔者认为，在有效开展濒危民间文献遗产整理与保护工作的过程中，应该高度明确我国历史文化馆所限定的出版物种类，力求为广大学者、相关项目研究人员、基层民众在濒危民间文献遗产整理和抢救方面，提供具有权威性的指导。

第二，确定中国国家档案局所指定的出版物。中国国家档案局作为收录

民间文献遗产的权威机构，是我国民间文献遗产发掘、整理、抢救、保护、管理工作的直属机构，因此在濒危民间文献遗产整理与抢救领域有着绝对的话语权。因此，确定中国国家档案局所指定的出版物能够为进一步完善我国濒危民间文献遗产整理与抢救工作提供重要的指导，能为濒危民间文献遗产整理与保护广泛宣传起到至关重要的促进作用。

第三，确定中国古代史、近代史、现代史研究所指定的出版物。中国古代史、近代史、现代史研究作为我国历史文献研究工作的前沿阵地，其研究成果直接作用于我国文化事业的发展，所以在濒危民间文献遗产整理与抢救过程中，必须确定这些研究所指定的出版物，强调其研究观点的权威性与代表性。这既能为我国濒危民间文献遗产整理与抢救工作水平的不断提升提供强有力的学术支撑，也能为有效扩大我国濒危民间文献遗产整理与抢救的受众范围提供重要抓手。

（二）濒危民间文献遗产出版物类别的有效划分

濒危民间文献遗产整理与抢救工作的有效开展，不仅要充分发挥权威出版物在基层民众中的指导作用，以及在专项整理、抢救工作中的指导作用，更要发挥其针对性引领作用，这样我国濒危民间文献遗产的整理与抢救领域发展水平才能不断迈上新的高度，我国非物质文化遗产抢救与保护工作的实质性效果才能得到不断提升。其中，有效划分濒危民间文献遗产出版物类别显然是至关重要的一环。笔者认为，切实做好该项工作应从三方面入手：

第一，按照历史贡献的专项研究领域划分濒危民间文献遗产出版物的类别。我国的民间文献遗产相关出版物，在专项研究领域所提出的研究观点普遍具有较强的学术性，在出版物种类方面也具有明显的特征性。正确选择出版物的种类，显然能够对我国单项濒危民间文献遗产研究工作起到积极的推动作用，也能对在公众中的全面推广起到至关重要的促进作用。对此，在濒危民间文献遗产整理与抢救以及公众推广活动中，首先应该结合其在某一领域的历史贡献，对其进行类别的划分，进而确保濒危民间文献遗产整理与抢救工作的有效开展和全面推广。

第二，按照历史发展阶段划分濒危民间文献遗产出版物的类别。出版物分类原则能够在濒危民间文献遗产整理与抢救的原则和目标上予以有效指导，并且能够对整理与抢救文献遗产项目的推广发挥至关重要的引导作用，引领我国各项濒危民间文献遗产整理与抢救项目的有序开展。

第三，按照民间文献遗产的载体和信息划分濒危民间文献遗产出版物的类别。众所周知，中国民间文献遗产的种类划分原则相对较多，所以研究成果往往分布在不同的权威出版物之中。要做到有效选择，并发挥其对濒危民间文献遗产整理与抢救的指导作用，同时引导广大群众正确认知濒危民间文献遗产整理与抢救的价值，就要有效结合其载体和信息，而这也正是我国濒危民间文献遗产整理与抢救项目实施过程中必须重点关注的对象。

（三）扩大濒危民间文献遗产出版物的受众范围

在上文笔者已经明确了具有权威性的出版物在濒危民间文献遗产整理与抢救中的作用和价值。然而如若其作用与价值不能得到学者、从业人员、基层群众的高度重视，则只能体现在"纸面"上，很难作用于濒危民间文献遗产整理与抢救的实践活动。为此，笔者认为扩大濒危民间文献遗产出版物的受众范围也应该作为重点关注对象，在实践中应从三方面着手：

第一，全面扩大权威出版物在中国传统文化发展中的影响力。濒危民间文献遗产出版物的研究视角、研究观点、研究成果具有较强的学术性，能够为濒危民间文献遗产整理与抢救工作提供重要的学术指导。然而，这些观点往往仅能被相关学者和工作人员理解与接受，而很难被民众理解和接受。为此，权威出版物的有效推广应该从影响中国文化的角度进行拓展，扩大权威出版物在民众中的影响力，确保民众广泛而有深度地知晓濒危民间文献遗产整理与抢救的必要性。

第二，有效针对权威出版物的学术观点进行注解。对民众而言，深刻意识到权威出版物在中国文化发展中的影响力，必然会促进民众对权威出版物的高度关注。但是学术观点往往并不利于民众进行深层次的解读，故而需要有关专家、学者、研究人员为之付出努力，对濒危民间文献遗产整理与抢救工作的出发点和措施进行更加直白的注解，让学术性语言更加易懂，以利于民众的解读，这显然有助于民众为之提供有建设性的意见和建议，推动我国濒危民间文献遗产的整理与抢救。

第三，加强对学术观点历史价值、文化价值、社会价值、学术价值的推广。在做到以上两项工作的基础上，有关专家、学者、项目工作人员要进行权威出版物深层内涵的推广，具体要体现在"价值"二字上，要引领广大民众能够深刻感知我国濒危民间文献遗产整理与抢救的历史价值、文化价值、社会价值、学术价值的具体表现，进而让整理与抢救文献遗产活动在全民范围内上升到最高层次。

四、积极推进濒危民间文献遗产的品牌塑造

从当今时代发展的大环境出发,要想在行业内部,甚至全社会引起高度重视,最关键的因素就是要打造出特色品牌,由此才能获得行业内部甚至全社会的关注和认可。虽然濒危民间文献遗产整理与抢救工作并不是一项商业活动,但是要想真正得到全民的高度重视,并且获得长久性的发展动力,就应走"品牌化"发展战略,并将其视为濒危民间文献遗产整理与抢救的一个重要支点,塑造出具有特色的品牌。

(一)通过品牌的时代影响力进一步提高全民重视程度

濒危民间文献遗产整理与抢救工作在民间文献遗产研究领域中,之所以占据着较高的地位,之所以有着特殊的意义与价值,其根本原因在"濒危"二字上。所谓的"濒危",其实质就是临近危险境地,濒危民间文献遗产就是已经处于危险境地接近于消失的民间文献遗产。为此,濒危民间文献遗产整理与抢救工作显然要以"非常规"的视角进行,使其取得理想成果的路径更为多样。其间,加强"品牌"的时代影响力是一项明智之举,具体操作应包括三方面:

第一,烘托濒危民间文献遗产整理与抢救视角的独特性。"品牌化"发展最为突出的就是产品内容的包装,进而在其领域中能够表现得独具一格,让产品本身具备较强的公众影响力。基于此,在濒危民间文献遗产整理与抢救过程中,要一改群众宣传的固有做法,让更为独特和更为鲜明的濒危民间文献遗产整理与抢救视角进入公众视野,进而提高全民对濒危民间文献遗产的重视程度。

第二,明确濒危民间文献遗产整理与抢救是当今时代赋予全民族的特殊使命。濒危民间文献遗产的整理与抢救工作不能仅限于相关组织、机构、团体内部,也就是说"闭门造车"的思想必须严格抵制,要将其上升到全民化的新高度。对此,各级主管部门必须高度明确濒危民间文献遗产整理与抢救的时代意义,将民族使命推向公众,进而引起全民族对濒危民间文献遗产整理与抢救的高度重视。

第三,强调新时代濒危民间文献遗产整理与抢救工作的理念创新、方法创新、技术创新。伴随时代发展步伐的不断加快,濒危民间文献遗产整理与抢救的特殊意义和价值已经得到了深入挖掘,科学技术发展的步伐也在不断加快,所以在濒危民间文献遗产整理与研究的过程中,要突出品牌的时代影

响力就必须将理念创新、方法创新、技术创新加以全面推广，力求全面提高公众在这一领域的认知水平。

（二）积极打造濒危民间文献遗产整理与抢救的品牌战略

品牌研发的目的在于得到人们更为广泛的关注，从而让产品在社会拥有较大的影响力。虽然濒危民间文献遗产整理与抢救工作并非"产品"，但仍然要扩大该项工作在社会的影响力。无论是学术研究还是实践探索工作都需要全民族和全社会的共同参与，由此方可确保濒危民间文献遗产整理与保护的成果趋于理想化。其中，打造品牌发展战略显然是至关重要的一环，笔者认为其具体操作应包括三个方面：

第一，高度明确品牌发展的战略意图。在濒危民间文献遗产整理与保护工作中，要将"向全民推广濒危民间文献遗产整理与抢救的时代意义、价值、作用"视为基本战略意图，全面提升全民族关于濒危民间文献遗产发掘、整理、抢救的认知高度，实现集民族之力攻坚克难，确保濒危民间文献遗产的整理与保护工作始终处于不断提升的状态，进而形成品牌战略独有的特色。

第二，制订明确的品牌战略计划。在做到明确濒危民间文献遗产整理与抢救战略意图的基础之上，要立足濒危文献遗产的发掘、整理与抢救的技术、保护工作中的环境设计等多个方面，制订完整的品牌战略计划，确保全民族能够了解濒危民间文献遗产整理与抢救的工作进展，掌握各个阶段所取得的成果，让品牌战略的打造拥有较为合理的实施方案。

第三，全面实施品牌战略措施和加大品牌推广力度。明确濒危文献遗产整理与保护战略意图和制订完整的品牌战略计划是濒危民间文献遗产品牌塑造的两个关键环节，但是最终的成果往往体现在战略实施的过程以及品牌推广环节。为此，根据品牌战略计划有效制定相关的措施，并将措施的实施效果加以大力推广就成为必须高度关注的重点，具体包括濒危文献遗产发掘与整理项目的确立过程、整理与抢救技术的研发和攻关、保护工作中环境设计的理念与实施等。要将措施实施的过程与结果及时有效地进行多途径公布，使全民高度关注并共同重视濒危民间文献遗产整理与抢救工作。

（三）立足品牌效应构建濒危民间文献遗产整理与抢救的完整链条

品牌战略推广工作有着明显的"系统化"特征，其具体表现笔者在前文已经进行了明确的说明。在具体操作方面，笔者认为还需要加以进一步的阐述，由此来确保濒危民间文献遗产整理与抢救工作的品牌效应能够达到最大化，其最终成果能够达到理想化，形成较为完整的链条。其具体操作主要包括三方面：

第一，全面开展濒危民间文献遗产发掘工作的群众征集活动。濒危民间文献遗产发掘工作的全面开展头绪较多，确保其发掘工作能够真正"面面俱到"需要集全民之力。对此，有效开展群众征集活动就成为形成品牌效应的首要环节。其中，要鼓励各地区积极提供地域遗留的民间文献素材，鼓励其阐明所遗留民间文献的历史真实性，让濒危民间文献遗产整理与抢救工作更有头绪。

第二，全面实施整理与抢救工作的技术攻关。技术作为濒危民间文献遗产评估、整理、修复、保护的重要支撑条件，能确保濒危民间文献遗产发掘、整理、抢救、保护工作拥有强大的技术保障，这显然不仅能够提高濒危民间文献遗产整理与抢救的效率，还能体现出其品牌化发展的实力。

第三，全面落实修复与保护工作方案。在拥有强大的民众基础和技术支撑条件的同时，要全面落实濒危民间文献遗产修复与保护工作方案，确保技术攻关和抢救成果的最大化，这不仅能坚定广大民众对濒危民间文献遗产整理与抢救的信心，还能让品牌效应达到最大化，使濒危民间文献遗产整理与保护始终得到全民族的高度重视和积极响应，让我国文化事业的飞速发展始终有强劲的动力。

通过本节的观点阐述，不难发现在濒危民间文献遗产整理与抢救活动中，要关注的视角较多，这些视角也是确保我国濒危民间文献遗产整理与抢救工作始终保持成果最大化的不可缺少的重要支点。

第三节 濒危民间文献遗产整理与抢救措施的更新

濒危民间文献遗产整理与抢救措施是否合理，是否能够做到高度的精细化，显然是重要的决定性因素。在实践中将其转化为现实，无疑能够体现濒危民间文献整理与抢救措施的创新之处，而增加的每个细节都意味着措施得到了有效更新。濒危民间文献遗产整理与抢救措施细节如图6-3所示。

第六章　濒危民间文献遗产整理与抢救

```
                              ┌─ 拓宽其价值的宣传渠道
         ┌─ 濒危民间文献遗产 ──┼─ 明确濒危民间文献遗产出处和种类
         │   发掘措施的更新    └─ 充分发掘现有的濒危民间文献遗产
         │
         │                    ┌─ 鉴定其历史真实性和明确整理与抢救对象
         ├─ 濒危民间文献遗产 ──┼─ 评估其损毁程度并判断其损坏原因
濒危民间  │   整理措施的更新    └─ 确定濒危民间文献遗产抢救方案
文献遗产 ─┤
整理与抢  │                    ┌─ 以贝叶为载体的濒危民间文献遗产修复措施
救措施    ├─ 濒危民间文献遗产 ──┼─ 纸张修复技术的革新
         │   抢救措施的更新    └─ 石质、木质、玉质、金属载体的修复措施
         │
         │                    ┌─ 以贝叶为载体的濒危民间文献遗产保护措施
         └─ 濒危民间文献遗产 ──┼─ 以纸张为载体的濒危民间文献遗产保护措施
             保护措施的更新    └─ 石质、木质、玉质、金属载体的濒危民间文
                                 献遗产保护措施
```

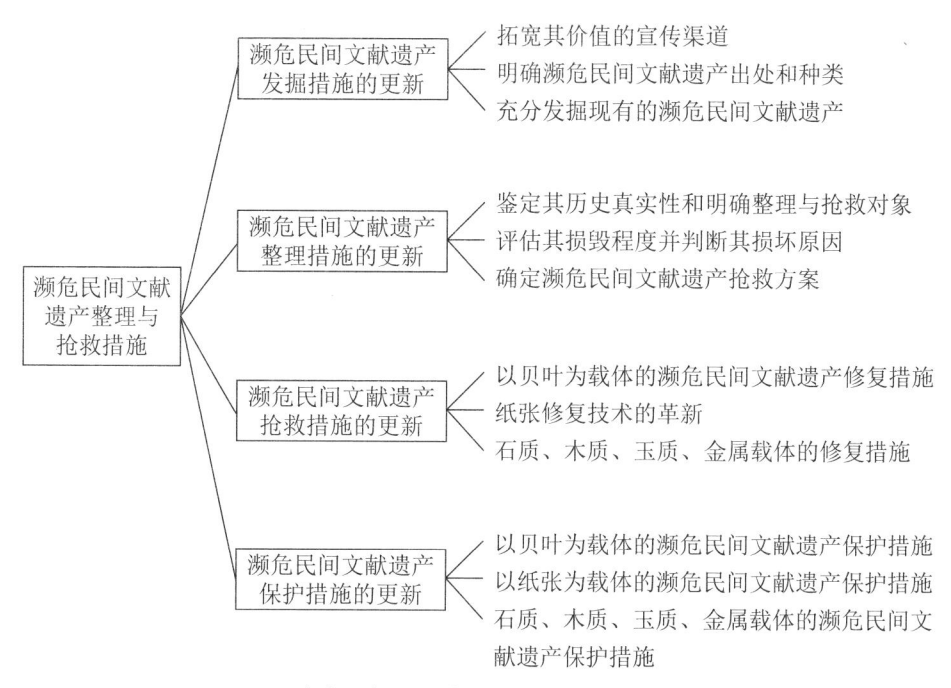

图 6-3　濒危民间文献遗产整理与抢救措施细节概括

一、濒危民间文献遗产发掘措施的更新

濒危民间文献遗产整理与抢救工作要高效率开展，并且最终取得令全社会满意的结果，其最根本的环节并不是濒危民间文献遗产的整理工作，而是濒危民间文献遗产的发掘工作。其原因主要有两个：一是民间文献遗产整理与抢救必须有广泛的信息来源，并且对其进行有效的识别，从中确定濒危民间文献遗产整理与抢救的范围。二是民间文献遗产整理与抢救必须有准确的对象，这是基础中的基础。上述两项工作的全面落实显然是濒危民间文献遗产发掘工作的主要内容。濒危民间文献遗产发掘措施的更新有三方面。

（一）拓宽濒危民间文献遗产整理与抢救价值的宣传渠道

中国民间文献遗产作为中华民族文化瑰宝中的重要组成部分，凝结的是中华儿女的共同智慧，正所谓"高手在民间""智慧在民间"。民间文献遗产研究工作的全面开展势在必行，并且需要引起全民族的高度重视。华夏大地不仅地大物博，更孕育着诸多具有地域性色彩的传统文化，其中不乏民间智慧的存在，更不缺少民间艺术的元素。可是，这些具有民族性和代表性的文化素材往往都隐匿于民间，随着时间的流逝很多已经处于濒临灭绝的状

态。而将其进行有效的发掘是一项极为复杂，并且难度较高的工程，需要全民族和全社会的共同参与。因此，有效进行濒危民间文献遗产整理与抢救的价值宣传就成为最理想的切入点，上文中笔者也将其视为该项工程的重要支点，其具体措施应包括以下三方面：

第一，依托濒危民间文献遗产宣传和展览，向全民族、全社会宣传濒危民间文献遗产整理与抢救的价值。前文中笔者已经明确指出，宣传和展览活动是全面提高民众关于濒危民间文献遗产整理与抢救的认知水平，扩大濒危民间文献遗产整理与抢救的社会影响力的一项重要举措。因此，在专题性宣传与展览活动中，要将民间文化在促进民族文化事业发展，以及"文化强国"建设方面的作用、意义、价值进行宣传，并向广大民众宣传依然有很多不为人知的民间文献遗产正处于濒临灭绝的边缘，从而向全国各族人民广泛征集，以求更多的濒危民间文献遗产能够浮出水面，进入广大研究人员的视野，并得到高度关注。

第二，立足出版物及品牌推广计划，阐明整理与抢救工作针对的范围。在通过全国范围内的专题宣传与展览使濒危民间文献遗产得到全民高度重视的基础上，有关主管部门要结合出版物和品牌推广计划，向公众明确濒危民间文献遗产的具体类别。该做法能够让公众深刻意识到什么是民间文献遗产，处于怎样的状态之下可以定义为濒危民间文献遗产，对其进行整理与抢救的措施有哪些，在我国民族文化的传承、弘扬、发展以及"文化强国"建设方面发挥怎样的作用，进而让更多的濒危民间文献遗产能够获得有效发掘的机会，为更多的地域性民族文化得到全面传承与弘扬提供契机，助力我国民族和民间文化的全面发展。

第三，建立濒危民间文献遗产线索的征集渠道。在全国范围内开展专题性宣传与展览，并通过出版物和品牌推广计划向公众传递开展濒危民间文献遗产整理与抢救的原因，以及濒危民间文献遗产整理与保护的大体范围之后，要打通多种渠道，让从全社会征集的濒危民间文献遗产走进有关主管部门，广泛收集并整理现存的濒危民间文献遗产出处与种类，为濒危民间文献遗产的整理与保护提供第一手信息。其间，要充分发挥官方网站、App、微信公众号等新媒体的作用，做到濒危民间文献遗产线索征集既具有广泛性，又具有实时性，让更多的濒危民间文献遗产在第一时间获得有关部门高度重视。

（二）广泛收集并整理当前现存的濒危民间文献遗产出处与种类

从充分发掘濒危民间文献遗产的必经之路出发，调动广大民众提供线索的积极性和主动性自然是有力的保证，但是将其资源、信息、线索进行全面整理，并进行归纳存档更是必不可少的环节之一。因为只有做好该项工作才能为充分发掘现有的濒危民间文献遗产奠定坚实的基础。其重点在于广泛收集并整理民众所提供的线索的出处，以及所涉及的民间文献遗产类别。对于该项工作，笔者认为应该从三个方面实施，具体操作步骤如下：

第一，判断所收集濒危民间文献遗产的出处，并明确所属类型。在广大民众积极踊跃提供濒危民间文献遗产相关线索的同时，有关部门要积极组织研究人员根据线索，对其所在地域进行初步判断，同时尽可能明确该线索所指向的濒危民间文献遗产所属类型。其原因主要在于两个方面：一方面，很多民间文献遗产的来源并非所在地区，而是经过历史战乱由于人为因素流落到当前所在地域，所以会给人们带来一定的误解。另一方面，在广泛征集线索的过程中，民众提供线索不够清晰，很难轻易判断出该线索的出处，从而误导研究人员进行濒危民间文献遗产的发掘与整理工作，更会为该濒危民间文献遗产抢救工作带来一定的阻碍。因此，判断所收集的濒危民间文献遗产相关信息的出处，同时明确所属类型至关重要，这也是濒危民间文献遗产发掘环节必不可少的一项基本措施。

第二，整理所收集的濒危民间文献遗产详细信息，并对其种类进行有效划分。在有效判断所收集的濒危民间文献遗产的出处，并明确其所属类型后，要对其详细信息进行全面整理，同时对具体的种类进行归纳，以确保能够为濒危文献遗产的发掘提供有效的信息。该做法的原因主要体现在两个方面：一方面，公众虽然在濒危民间文献遗产的整理与保护方面有着较高的热情，愿意主动向有关主管部门提供相应的线索，但是对线索本身的完整性却很难保证，如不对其线索进行详细的整理，从而导致相关信息过于琐碎，很难将有相关性的信息联系起来。另一方面，在濒危民间文献遗产的整理与抢救工作中，必须有明确的指向性，信息越全面则越能够确保整理与保护工作重心的准确性，确定发掘哪一种类的濒危民间文献遗产亟需加大投入力度，并且在整理与抢救过程中合理地进行顺序排列。对此，整理所收集濒危民间文献遗产的详细信息，并对其种类进行有效划分就成为其有效发掘的基础措施。

第三，归纳所整理的相关信息，明确信息所涉及的种类是否具有全面性。在濒危民间文献遗产发掘工作中，在广泛收集并整理现存的濒危民间文献遗产出处与种类的同时，要对所收集和整理的信息进行系统性归档，并统计资料、信息、线索，确定其主要涉及哪类濒危民间文献遗产，从而用客观的数据充分说明民众所提供的所有线索能否全面涉及民间文献遗产的各个种类，然后从中找出之前研究与探索工作并未涉及的民间文献遗产种类。这显然为濒危民间文献遗产整理与抢救获得新发现提供了最理想的前提条件。

（三）充分发掘现有的濒危民间文献遗产

从以往濒危民间文献遗产发掘工作的具体实施流程来看，资源、信息、线索的收集与归纳显然是不可或缺的环节。但是针对其系统性、全面性、深层次而言，显然还有较大的提升空间。因此，对其进行有效的补充就成为濒危民间文献遗产发掘措施实现有效更新的具体表现。对此，笔者认为在濒危民间文献遗产发掘的准备工作中，在做到上述两个环节全面细化的基础之上，要针对其发掘工作的具体实施过程进行进一步的细致划分。主要的实践操作应包括以下三个方面，以确保濒危民间文献遗产发掘的充分性，体现系统性、全面性、层次性。

第一，根据整理归纳的相关资源、信息、线索具体种类，将其按照时间顺序进行排列。毋庸置疑，濒危民间文献遗产发掘工作不能盲目进行，必须做到有条不紊地开展。在进行充分的前期准备工作的同时，要将其进一步细化，由此方可明确濒危民间文献遗产发掘工作的目标。在此过程当中，根据已经整理并归纳好的相关资源、信息、线索具体种类，将其以时间由远及近的原则进行排序自然是不可忽略的工作细节。前文中笔者已经论述过，濒危民间文献遗产的整理与抢救必须严格遵循时间顺序，这样才能让年代久远的濒危民间文献遗产尽快得到关注，使其历史意义、文化价值、社会价值充分凸显出来，这显然是充分发掘现有濒危民间文献遗产的基本立足点。

第二，立足按时间顺序排列的结果，进行资源、信息、线索损坏程度的分析，再从民间文献遗产整理与抢救的另一原则出发，对其损坏程度进行具体排列。具体地说，就是按照历史年代进行时间段划分，将损坏程度较高的资源、信息、线索排在前列，中度和轻度损坏的逐一向后排列，从而确保年代较为久远，并且损坏程度较高的濒危民间文献资源、信息、线索能够率先被发掘，同时为相关整理与抢救工作的有效开展提供有力保障。在此过程之中，损坏程度较高的资源、信息、线索客观体现了整理与抢救的急迫性，故而在根据资源、信息、线索进行濒危民间文献遗产发掘的过程中，应在最短的时间内最大限度降低濒危民间文献遗产在历史长河中消失的风险。第三，充分发掘现有的濒危民间文献遗产。在做到濒危民间文献遗产发掘阶段各项准备工作高度细化的同时，要在发掘工作的实践活动中加大力度，以保证濒危民间文献遗产发掘工作的充分性。其具体应该包括两个方面：一方面，要结合已经整理好的濒危民间文献资源、信息、线索，将与其存在高度关联性的线索进行深入挖掘，明确彼此之间究竟存在怎样的联系，这样才能让发掘工作真正做到有深度。另一方面，要将与现有濒危民间文献资源、信息、线索具有关联性的线索全面归档，确保所发掘的濒危民间文献遗产的可整理和可抢救价值得到有力证明，这显然为有效确定濒危民间文献遗产整理与抢救项目提供了重要说明，使其指向作用更加明显。

二、濒危民间文献遗产整理措施的更新

濒危民间文献遗产整理工作全面落实的作用在于为抢救工作的全面开展提供全面、客观的依据。工作的主要内容和措施要体现高度的系统化和有效更新两个基本特征。具体表现在既要针对已经发掘出的濒危民间文献遗产进行历史真实性的鉴定，从中明确抢救的具体对象，还要对其损坏程度以及损坏的原因进行具体分析，最后根据所有的信息，制订出濒危民间文献遗产抢救的具体方案。这显然为濒危民间文献遗产抢救措施的有效实施奠定了更为扎实的基础，也为抢救质量和效果的理想化提供了有力保证。

（一）鉴定已发掘的濒危民间文献遗产历史真实性并明确抢救对象

在通过多种渠道进行濒危民间文献遗产抢救活动宣传，并且根据广大人民群众所提供的相关信息进行全面发掘的基础上，要有条不紊地对这些信息进行收集与整理，对历史真实性进行鉴定，从而明确抢救的对象。此环节采取的主要措施包括三个部分：

第一，通过走访调查以及搜索历史文献，对濒危民间文献遗产所在地域的历史文化进行溯源。文化的起源与发展是民间文献遗产形成的主要过程，其历史真实性必然可以通过历史溯源活动加以验证。在此期间，研究人员要深入已经发掘的濒危民间文献遗产所在地域，通过走访调查的形式，了解濒危民间文献遗产在日常生活或劳动中是否真实存在。随后要翻阅当地历史文献资料，明确当地民间传统文化的主要范围，尽可能地对相关线索进行全面搜集，同时判断该濒危民间文献遗产的可能性，这显然让鉴定已发掘的濒危民间文献遗产的历史真实性拥有了最基础的证明材料，并且能够明确相关材料整理的主要方向。第二，通过动态评估的方法，鉴定其濒危民间文献遗产的历史真实性。在对搜集到的信息进行全面整理的同时，要将已经搜集到

的信息上传至数据统计模型，通过数据分析与数据对比两种方法，明确所发掘的濒危民间文献遗产存在的历史可能性，然后根据鉴定标准，明确已发掘的濒危民间文献遗产中，有哪些在历史发展中真实存在，并且在哪一阶段逐渐淡出了人们的视野而在当今社会发展大环境下已经濒临灭绝，以客观说明已经发掘出并且具有历史真实性的濒危民间文献遗产的抢救价值。第三，结合鉴定结果确定抢救对象。在进行数据分析和数据对比明确鉴定结果的基础上，要确定具有高度历史真实性的濒危民间文献遗产项目，从中探明开展抢救工作的作用、意义、价值，确保我国民间文献遗产发掘、整理、抢救、保护工作能够全面促进我国民间文献遗产的永久传承，并随着历史车轮的前行能够充分展现其历史价值、文化价值、社会价值，从而更加有效地丰富我国的文化遗产。

（二）评估真实濒危民间文献遗产的损坏程度并判断其原因

鉴定濒危民间文献遗产的历史真实性并明确抢救对象的目的非常明确，就是确定濒危民间文献遗产抢救工程，为抢救工作的全面开展指明宏观方向，这也是濒危民间文献遗产整理工作的起始点。此后，要开展对抢救对象损坏程度的评估，并对其成因进行具体分析。在该环节中，笔者认为具体措施应包括三个部分：

第一，以量化评估的方法进行抢救对象损坏程度的评估。要将濒危民间文献遗产的提取物进行实验室检测，将检测数据上传至数据分析系统进行具体数据统计与分析，准确辨明濒危民间文献遗产的物质成分，包括载体附着物的主要成分、载体内部元素的主要成分、化学分解后所产生的主要成分、呈现信息的物质构成等，并对数据进行归纳与整理，为文献修复评估工作提供客观的数据支撑。第二，根据评估结果明确濒危民间文献遗产损坏程度，以及修复的可能性。在确定濒危民间文献遗产主要的物质成分之后，要根据主要物质成分合成的可能性进行深入分析。然后要对文献遗产载体的破损程度以及可修复的空间进行具体分析，判定是否要在原有载体之上进行文献信息还原。最后，如果不需要进行文献遗产载体的转移，则针对文献遗产载体的加固、黏结、填补的可行性进行评估与鉴定，进而充分说明濒危民间文献遗产修复的可能性。第三，结合评估结果客观分析濒危民间文献遗产损坏的主要原因。在有效评估濒危民间文献遗产的损坏程度以及修复的可能性之后，要对濒危民间文献遗产损坏的主要原因进行深入分析，如贝叶载体耐久性不强、纸张出现漏洞、字迹脱落和模糊不清的主要原因，从而明确抢救过程中应该注意的事项。其间，要对濒危民间文献遗产损坏的主要原因进行系统整理，以利于在濒危民间文献遗产抢救方案的制定过程中，确定抢救目标、重点与难点、方法、内容，最终形成一套合理抢救流程。

（三）确定濒危民间文献遗产抢救方案

在上文，笔者已经就鉴定濒危民间文献遗产历史真实性和明确抢救对象，以及评估其损坏程度和成因进行了具体阐述，让濒危民间文献遗产抢救方案的建立拥有了客观和全面的依据。而针对抢救工作建立一套系统性的方案，具体包括濒危民间文献遗产抢救的目标、重点与难点、方法、内容四个方面，这无疑也是濒危民间文献遗产整理措施的又一创新之处。

在濒危民间文献遗产抢救的目标上，要关注濒危民间文献遗产载体和文献信息的永久性保存，并且使其在历史价值、文化价值、社会价值方面能够得到充分的展现，让濒危民间文献遗产在增强全民族文化自信的同时，更好地服务当前乃至未来社会的发展。同时，要结合文献遗产载体与信息呈现方式的差异性，为之提供有针对性的抢救措施。

在濒危民间文献遗产抢救的重点与难点上，重点应落在围绕检测数据科学选定抢救的仪器设备和规范的操作方法，难点应落在如若抢救措施难以达到预期效果则有效更换设备仪器，并对抢救后果进行及时有效的处理。其间，无论是初步的仪器评估数据还是实验室检测数据都能反映濒危文献遗产毁坏程度、可修复程度、毁坏的原因等相关信息，这些信息显然都为抢救工作明确重点、有效选择抢救仪器、规范仪器操作过程提供了客观依据，无疑是濒危民间文献遗产抢救工作的重点。然而，并非有效选择抢救仪器和进行规范性的操作就能达到最佳效果，往往会有不可控的因素存在，因此需要在抢救过程中研判抢救效果，同时及时对抢救后果进行处理，并有效更换抢救仪器或设备，最终使抢救效果趋于理想化，这显然是濒危民间文献遗产抢救工作的难点。

在濒危民间文献遗产抢救的方法上，先要结合濒危民间文献遗产所处的内外环境，明确文献载体与信息损坏的基本原因，确定文献载体及其承载的信息能否通过技术手段进行有效修复，然后确定是否在原载体上进行修复，如果不能在原载体上进行修复，必须选择理想的载体将其所呈现的信息转移，最终确定抢救的手段和必要的仪器设备。

在濒危民间文献遗产抢救的内容上，既要做到文献遗产载体的最大限度还原，还要做到使其承载的信息能够最为直观地展现在人们面前。除此之外，要彻底排除文献载体内部和表面存在的"安全隐患"，动态化评估其修复过程所获得的阶段性成果，从而让濒危文献遗产以最"健康"的姿态呈现在人们面前，展现濒危民间文献遗产整理工作的现实意义，濒危民间文献遗产所具有的历史价值、文化价值、社会价值能够得到最大限度还原，使抢救措施的有效实施拥有坚实的基础。

三、濒危民间文献遗产抢救措施的更新

随着我国"文化强国"战略的提出与全面落实，濒危民间文献遗产抢救工作的力度不断加大。在前文，笔者已经针对濒危民间文献遗产整理与抢救的重要支点进行了明确的论述，并以此为基础明确了濒危民间文献遗产发掘与整理工作的主要措施，这些显然都为其抢救措施的更新打下了坚实基础。具体地说，在实践操作过程中，笔者认为应对濒危民间文献遗产的载体进行针对性的修复，并且保证修复措施能够得到不断更新，具体措施如下。

（一）以贝叶为载体的濒危民间文献遗产修复措施的更新

以贝叶为载体的民间文献遗产中，不乏濒危民间文献遗产的存在，但由于贝叶的材质具有一定的特殊性，所以在濒危民间文献遗产抢救过程中，对其进行有效的修复具有较高的难度，因此需要不断更新其修复措施，从而不断突破濒危民间文献遗产整理与抢救技术方面的局限，为更多技术创新成果的广泛应用提供有利前提。

纤维素是贝叶材质的主要成分之一，在以贝叶为载体的民间文献遗产中，纤维素能够占到载体总额的 36.85%～44.79%，纤维素的主要成分是葡萄糖脱水聚合后的高分子化合物[1]。纤维素聚合度越大则说明贝叶本身的耐久性越高，反之则相反。但是纤维素本身如果吸水性较强，则会导致微生物的繁殖能力增强，久而久之会造成贝叶载体本身的强度下降，从而导致载体空洞等现象的出现。对此，在以贝叶为载体的濒危民间文献遗产整理与抢救工作中，首先要对纤维素的化学式进行深入分析，明确纤维素本身的聚合程度，并且采用先进的脱水设备，对贝叶内的湿度进行有效处理，杀灭贝叶载体中的微生物，以此保证贝叶载体本身的强度能够得到有效恢复，增强贝叶载体本身的耐久性。

半纤维素除吸湿性和水解性强的特点较为明显之外，还有耐热性较差的

---

[1] 黄梅.云南傣族贝叶档案的抢救与保护研究[J].云南档案，2010（4）：3.

特点，在外界条件的作用之下，非常容易发生变化，酸性较高，所以在以贝叶为载体的民间文献遗产整理与抢救的过程中，应该消除半纤维素，以此确保以贝叶为载体的民间文献遗产实现永续保存。对此，在以贝叶为载体的濒危民间文献遗产修复措施方面，要注重从脱酸、修补、加固方面实现创新。就脱酸而言，要通过碱性物质与贝叶中的酸性物质的中和，达到延长贝叶寿命的目的。在修补过程中，还要通过选取与贝叶质地、厚薄、颜色极为相近的材料进行破损部位的修补。如若贝叶霉变面积已经超过了60%，则需要将上述材料粘贴在整张贝叶之后，进而形成有效的加固。

影响以贝叶为载体的民间文献遗产耐久性的因素主要是色素本身与贝叶载体的结合方式。从当前已经发掘出的以贝叶为载体的濒危民间文献遗产中，可以看出结合方式主要包括两种，即植物果油和碳元素。这两种结合方式能够确保字迹颜色经久不褪，耐久性极强。因此，在以贝叶为载体的濒危民间文献遗产整理与抢救工作中，字迹的修复应注重微晶石墨结构的重塑，确保碳原子之间能够形成共价键结合，使碳原子本身不会再与其他化学物质起反应，进而保证字迹本身化学性质的稳定。而这需要在抢救过程中拥有较高的技术保证，也是以贝叶为载体的濒危民间文献遗产修复措施的更新必须面对的严峻挑战——保证修复的完整性的同时，不跑墨更不掉色。

（二）纸张修复技术的革新

在以纸张为载体的濒危民间文献遗产的抢救过程中，载体的修复作为一项极为重要的工程，受到了广大专家、学者、抢救人员的高度重视。现有的主要修复方法有三种：第一种，将合适的纸张用淀粉糊贴在载体的背面，达到填充载体破损之处的目的。第二种，采集大量不同年代、材质、颜色、厚度的纸张，将文献遗产载体破损处的反面边缘进行仔细刮剥，然后选择材质、年代、颜色、大小与之相近的纸条，并将纸条边缘进行刮剥，确保文献遗产载体边缘的纤维能够与所选材料的纤维完全吻合，最后对其破损之处进行有效的修补。第三种，通过机械法进行纸张的制造，从而使以纸张为载体的濒危民间文献遗产能够得到有效载体修复[1]。随着我国科学技术发展的进一步加快，通过机械法进行纸张再造的技术成熟度较高，应该作为濒危民间文献遗产抢救活动中纸张修复技术革新的重要选择，确保纸张修复的效果能够还原历史的真实性。其主要的操作步骤如图6-4所示。

---

[1] 王泽军. 修复纸张艺术品的纸浆法[J]. 北京档案，1986（3）：2.

```
纸张信息的稳定
纤维原料的颜色稳定
酸碱度保持中性
加入不易光变的元素
增加不透明剂的使用
做到小批量制造
```

图 6-4 濒危民间文献遗产抢救工作中的机械法纸张制造技术流程

在濒危民间文献遗产抢救工作中的机械法纸张制造技术流程中,第一步显然是最为基本的要求。纸张制造要以呈现高度稳定的信息为基本出发点,确保纸张修复的效果能够充分还原其历史的真实性。第二步是确保纸张的材质能够与文献载体的材质达到高度的匹配,进而保证纸张的耐久性达到最佳,以便载体本身能够得到永久性保存。第三步的作用在于确保纸张的吸水性保持适中,进而避免微生物在纸张中繁殖,造成纸张霉变。第四步是确保纸张在任何光照环境下都不会变黄。第五步是保证纸张本身能够更加清晰地呈现文献遗产的相关信息,让纸张本身的历史还原度达到最大。第六步是强调纸张制造的可实现性,因为大批量制造显然很难确保上述五个步骤的有效进行,而小批量制造恰恰能够更好地控制以上五个步骤,确保濒危民间文献遗产的纸张修复达到最为理想的效果,并且为后续的永久保存打下坚实的基础。

(三)石质、木质、玉质、金属质等濒危民间文献遗产修复措施的创新

我国现有的民间文献遗产的载体除了上述两类之外,石质、木质、玉质、金属质文献载体所占数量相对较多,但由于修复难度较大,普遍处于濒危境地。因此,在对这些载体进行有效的发掘与整理的基础上,要对其进行有效的修复,修复措施也要保持创新性。

对产生龟裂、起甲、破裂的石质文献载体而言，要采用加固修缮的手段对其进行修复，确保石质载体能够在未来得到永久性的保存。就当前自然环境的现实状况来看，大风、酸雨、氧化物不断增加的现象屡见不鲜，这对石质载体的民间文献遗产造成了严重威胁，也导致更多的文献遗产接近濒临灭绝的边缘，龟裂、起甲、破裂也成为这些濒危民间文献遗产损坏的固有特征[①]。结合以上三种常见的损坏特征，立足其实际情况，可以通过采用环氧树脂黏结的手段进行有效的载体修复。另外，如果遇到风化酥解的石质载体，可以通过运用化学涂料的手段，将酥松的沙粒黏结，以使石质载体得到理想的还原。

在进行木质载体的濒危民间文献遗产抢救工作之前，先要结合其实际情况做出精准而又全面的针对性分析，其中包括载体的基本构造以及结构体系，载体腐朽的现状和基本成因，以及载体在设计、定型、装配过程中存在的错误等。特别需要注意的是，这些分析都要有明确的文献资料作为依据，还要有物理性的勘查手段和数据分析过程作为基础，最后还要就其物理现状进行无损测试和试验，从而为采取较为理想的措施提供合理、可靠的保证。

玉质民间文献遗产数量较大，是我国民间文献遗产的重要组成部分。玉质濒危民间文献遗产修复的难度更高，既需要在措施的实施过程中始终坚持"工匠精神"，还需要在修复措施的选择方面做到科学合理。例如，玉佩等民间文献遗产的修复措施主要包括常规修复、连缀修复、补配修复、改制修复四种类型。其中，常规修复就是针对载体表面进行常规的清理，也是最为基础的修复措施。连缀修复主要包括两侧穿孔、两侧沟槽、两侧穿孔加线槽、金属镶（包）等方式。补配修复主要针对载体本身已经形成的缺陷进行补配，也是常见的修复措施之一。改制修复就是对载体的外形进行合理的改变，尽量保存载体本身的形状，同时在破损之处合理地进行造型改变，确保濒危文献遗产自身的文化价值不受影响。

对金属质濒危民间文献遗产的修复措施而言，先要结合其地理环境做出有效分析，明确造成金属腐蚀、损坏的主要原因，并且对其损坏程度做出系统性评估。在得到评估结果后，要科学有效地选择修复材料。青铜、铁器类文献载体要结合腐蚀、破损程度，采取粘接（AAA胶）、低温焊接（铅锡合金熔点183℃）、矿物颜料（着色）、B72封护、金属焊接等修复措施，以求载体本身能够得到最大限度的修复。除此之外，在化学试剂的选择方面，

---

① 吕子辰. 浅谈太平天国石质文物的修复保护[J]. 文物鉴定与鉴赏，2018（11）：3.

尽量以倍半碳酸钠为主，虽然该溶液在处理金属物表面锈蚀方面所耗费时间较长，但是效果却较为理想。最后，在修复的工艺方面，应立足金属载体所存在的残缺、变形、表面硬结物、层状堆积、断裂、孔洞、点腐蚀、矿化等情况，如对铜质之处要采用焊接的方法，对铀矿化的部位要采用先加固后粘贴的方法，以免对金属质文献载体造成二次伤害。

四、濒危民间文献遗产保护措施的更新

濒危民间文献遗产整理的最终目的无疑是让其在当今社会乃至未来社会中永久存在，实现其历史价值、文化价值、社会价值的最大化。因此，在有效采取濒危民间文献遗产发掘、整理、修复措施，实现其高效率抢救的同时，随之要对其进行最有效的保护。因此，全面更新濒危民间文献遗产保护措施就成为必须关注的重点。笔者认为，要结合濒危文献遗产的载体类型，对其保护措施加以系统完善，方可收到最佳效果。下面笔者就以此为立足点进行阐述。

（一）以贝叶为载体的濒危民间文献遗产保护措施的更新

以贝叶为载体的民间文献遗产在我国民间文献遗产中具有一定的代表性，虽然其在当前已经发掘出的民间文献遗产中所占数量并不大，但在整理与抢救方面却存在较大的难度，整理与抢救工作后的永久性保护工作的难度也相对较大，需要在保护措施方面进行系统化完善，以使以贝叶为载体的濒危民间文献遗产保护措施得到有效更新。其措施主要包括四个方面：

第一，对贝叶载体的酸碱度和微生物进行检测和处理，并进行灭活处理。在对贝叶载体的濒危民间文献遗产进行抢救后，要通过实验室检测方法，对贝叶载体内部的酸碱度和纤维耐久度进行测定和处理，并对其存在的微生物进行灭活处理，以求贝叶载体能够在封存前处于最佳状态。第二，对载体表面进行系统化的清洁。在进行贝叶载体的酸碱度和微生物检测，并对其进行有效调节和灭活处理之后，要对贝叶载体表面进行系统化的清洁，清除贝叶载体表层的灰尘、污渍、泥土的同时，要对表层存在的菌群进行消杀。在这里，要格外注意对字迹的保护，所选择的溶解剂和清洁工具必须达到文物保护级别，以确保贝叶载体和文献遗产信息的清晰呈现。第三，选择有效的材料，将贝叶载体与外界自然环境彻底隔绝。在对贝叶载体和文字信息进行全面处理后，要将其与外界环境隔绝。最为有效的方法就是在贝叶载体表层均匀涂抹一层文物保护液，并且用纳米材料进行包

裹，确保贝叶载体与空气、水、细菌、微生物隔绝，让贝叶载体在存放过程中始终保持最佳状态。第四，利用多种仪器设备，让以贝叶为载体的濒危民间文献遗产拥有理想的保护空间。从以贝叶为载体的濒危民间文献遗产的特点来看，载体本身的纤维素和半纤维素所处的环境，以及字迹本身的碳原子结构分布情况是决定其能否得到永久保存的关键条件。这三个因素对外界温度、湿度、光照等条件要求相对较高，所以通过各种仪器设备营造出恒温、恒湿、避光的环境，显然是以贝叶为载体的濒危民间文献遗产永久保存的关键。在这里，制作真空玻璃展柜、避免紫外线直接照射、定期进行除菌除湿处理就成为重中之重。

（二）以纸张为载体的濒危民间文献遗产保护措施的更新

从当前我国濒危民间文献遗产的基本类别来看，无论是在文契类民间文献遗产中，还是在音乐声音类、海丝文献类、民族文字类和文学传记类民间文献遗产中，以纸张为载体的民间文献遗产所占数量都较多，在自然环境下的保存难度也相对较大，这造成以纸张为载体的民间文献遗产中有很多都处于濒危境地，因此必须重视以纸张为载体的濒危民间文献遗产的保护。以纸张为载体的濒危民间文献遗产保护措施实施流程如图 6-5 所示。

图 6-5 以纸张为载体的濒危民间文献遗产保护措施实施流程

从图 6-5 可以看出，以纸张为载体的濒危民间文献遗产保护措施实施流程由五个步骤构成，并且形成一个完整的闭环。

其中，第一步是最为基础的步骤，目的是降低纸张本身的湿度，破坏活性酶、微生物的理想生存环境，确保纸张的酸碱度达到理想状态。第二步也是基础步骤，而且是至关重要的一个步骤，是纸张表面微生物得到彻底清除的有力保证，确保载体在保护的过程中能够真正实现无菌化。第三步是使纸张表面避免受到外界环境影响的基础做法，能够让纸张与自然环境中的水和空气隔绝，为其实现永久性保存提供有利前提。第四步能够为载体永久性保存打造一个理想的外部环境，既要做到载体处于高度透明的密闭空间，又要做到将光线中的紫外线充分过滤，还要保证密闭空间既能维持恒温状态，又能处于真空状态，而这一理想环境的构建必须有专用的仪器设备作为支撑。第五步是载体永久保存空间始终保持理想状态的关键，也是以纸张为载体的濒危民间文献遗产科学管理的重要一环。该实施流程显然具有明显的系统化特征，能让以纸张为载体的濒危民间文献遗产拥有永久保存的环境。

（三）石质、木质、玉质、金属质等民间濒危文献遗产保护措施的更新

在前文中，笔者对石质、木质、玉质、金属质等民间濒危文献遗产抢救措施的重要性进行了系统阐述，并且针对抢救措施具体操作过程的创新表明了观点。那么，在抢救工作结束后将其进行永久性保存就成为关注的重点，怎样才能确保这几类民间濒危文献遗产永久性地体现历史价值、文化价值、社会价值。接下来笔者就针对这几类民间濒危文献遗产保护措施的创新进行具体阐述。

对石质濒危民间文献遗产抢救工作的后续保护，对其所处的环境进行有效改善显然应放在首位。就不可移动的濒危民间文献遗产而言，在进行有效修复之后，要做好相应的排水、防渗水、防噪声、抗风化等措施，以避免有害的外界环境因素影响其永久保存。就可移动的濒危民间文献遗产而言，在进行有效修复之后，必须进行载体表面的清洁工作，通过毛刷和专用化学试剂对盐、苔藓、一般性污迹等杂质进行有效清理，并通过先进纳米技术对其表面进行封存，之后采用无毒、无污染、无菌、高度透明、抗紫外线材料制作保护罩，为其提供一个较为理想的保存环境。

对木质濒危民间文献遗产抢救工作的后续保护，要将表面清洁工作放在首位，确保微生物能够得到彻底灭活。然后，有效降低载体内部的湿度，并在载体表面均匀涂抹薄薄一层桐油，以防微生物、蛀虫再度侵蚀文献载体。最后，采用高分子复合材料制作保护罩，并且做到保护罩内恒温、防紫外线、

防细菌、无污染，构建木质濒危民间文献遗产永久性保存的理想空间，让其历史价值、文化价值、社会价值能够得到永久性体现。

对玉质濒危民间文献遗产抢救工作的后续保护，先要清理载体表面及缝隙的污垢、杂质、细菌，恢复载体以及内容本身光亮度的同时，确保载体表面和缝隙的微生物、粉尘得到全面清除。在此之后，与木质濒危民间文献遗产抢救工作的后续保护流程一样，要对其载体表面进行封存，选择的封存材料应为保养液，以防粉尘及微生物再度附着于载体表面。最后，要制作恒温、防紫外线、防细菌、无污染、防粉尘的保护罩，让玉质濒危民间文献遗产能够获得理想的保护空间。

对金属质濒危民间文献遗产抢救工作的后续保护，要明确影响金属质地的濒危民间文献遗产永久性保存的主要因素，如空气中的湿度、氧气含量、温度等。随后要对其载体表面以及缝隙进行系统性的清理，以保证载体表面无任何腐蚀和污垢存在。然后，要将专属金属文物保护剂均匀涂抹在金属载体上，以保证其不会发生氧化和微生物侵蚀的现象。最后，要制作恒温、灭活、低湿度、高度真空的保护箱作为保存空间，保证金属质濒危民间文献遗产能够实现永久保存。

综上所述，在濒危民间文献遗产整理与抢救工作中，不仅要根据其现实需要明确原则，还要准确找到其重要支点，使濒危民间文献遗产整理与抢救工作上升到全民族的高度。最后要不断更新濒危民间文献遗产整理与抢救的具体措施，进而确保我国濒危民间文献遗产能够在最大限度上得以永久保存，让其历史价值、文化价值、社会价值达到最大化。特别是在我国信息化发展进程不断加快的今天，民间文献遗产如何能够通过信息技术最大限度地发挥出上述价值也是广大专家、学者、研究人员普遍关注的重点。

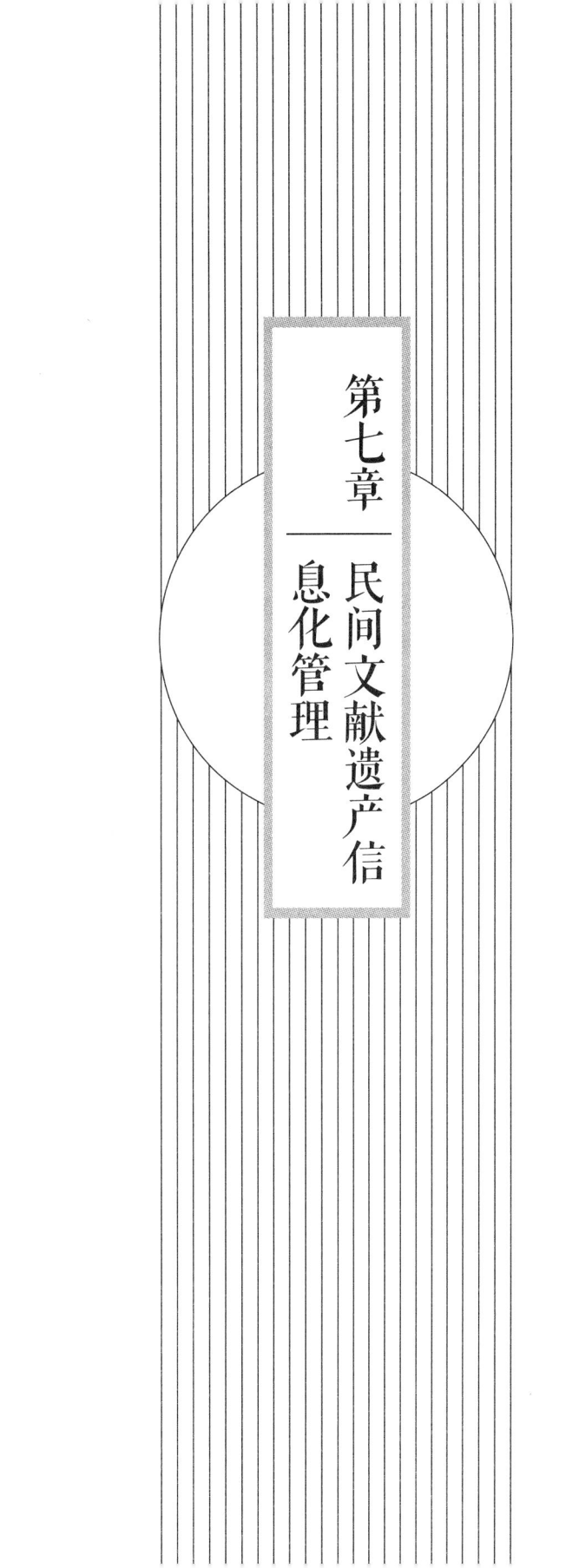

第七章 民间文献遗产信息化管理

民间文献遗产研究工作是一项系统工程，不仅在民间文献遗产发掘、整理、抢救、修复、保护环节要面对巨大的工作量，还要在各个环节进行系统化的资源、信息、线索的整理、使用、存储，让其保障性因素能够发挥最大的价值。这就使得民间文献遗产管理工作的高度信息化成为关键。对此，笔者在本章中就立足民间文献遗产信息化管理的特点、民间文献遗产信息化管理的方案构建、民间文献遗产信息化管理的实施路径三个方面进行具体说明。

第一节　民间文献遗产信息化管理的特点分析

信息化管理颠覆了人们关于管理领域的传统认知，使管理工作的高效性得到了充分体现，能够保证信息的流动性以及信息归纳与整理、信息存储的系统化进行，从而提高信息本身的使用效率。民间文献遗产研究工作是一项系统工程，信息资源伴随研究工作始末，所以信息化管理工作的全面开展势在必行。本节笔者就对民间文献遗产信息化管理的特点进行阐述，从而体现民间文献遗产信息化管理的必要性。

一、民间文献遗产资源的集中化建设

民间文献遗产管理是民间文献遗产研究可持续发展的保障性条件。在信息化时代背景下，民间文献遗产信息化管理俨然成为该领域发展的大趋势。其最为明显的体现是民间文献遗产资源的集中化建设，具体表现在民间文献遗产资源的全面完善、民间文献遗产资源的系统化管理、民间文献遗产研究工作资源的高度共享三个方面。

（一）民间文献遗产资源的全面完善

信息化时代，一切活动的有序开展不仅要依赖于信息的有效传递，还

要做到对其进行有效的管理，由此方可确保活动开展效果达到最佳。在民间文献遗产研究工作中，全方位进行挖掘、整理、抢救、修复、保护是重中之重，其所依赖的相关信息能否实现有效传递和有效管理，直接影响民间文献遗产研究的最终成果，以及研究工作的未来发展方向。因此，信息化管理就成为民间文献遗产研究工作不可缺少的一部分，民间文献遗产资源的全面完善自然成为其资源的集中化建设这一特点的基本说明。

第一，已有民间文献遗产资源的归纳与整理更加系统化。民间文献遗产信息化管理工作流程的显著特征主要有两个：一是民间文献遗产研究项目所获得的成果能够得到系统化的归纳与整理，二是民间文献遗产发掘工作中的相关资源、信息、线索能够实现系统化的归纳与整理。就前者而言，研究人员将研究过程中用到的材料与方法、修复与抢救的措施、保护工作的实施流程以文字的形式加以记录，并且将最终成果以图片的形式展现，这样可使已有民间文献遗产研究成果的归纳与整理更为系统化。就后者而言，在民间文献遗产发掘工作中，相关的资源、信息、线索会统一进入信息管理系统，并按照预先设定的归纳与分类原则，进行系统性的分类、归纳、排序，进而让民间文献遗产管理工作更加系统化。

第二，更加突出民间文献遗产资源发掘工作的侧重性。在民间文献遗产信息化管理过程中，已有民间文献遗产相关资源的系统化归纳与整理，会使资源分类的结果更加明显，同时使每一类的资源数量得以清晰体现。其中，资源数量较少的类别无疑需要引起高度的重视，对其现状产生的具体原因进行有效分析，最终以此为立足点判断民间文献遗产资源发掘工作的侧重性，以及方法的有效性。这一过程显然有利于研究人员更加清晰地认识民间文献遗产资源发掘的侧重性，同时为不断完善民间文献遗产资源种类，增加其数量提供客观依据。

第三，为民间文献遗产研究项目的形成指明方向。民间文献遗产研究工作的目的是将我国民间文化系统地挖掘出来，并在当今社会乃至未来社会发展中永续传承下去。我国作为拥有五千多年文明史的泱泱大国，有无数民间文献遗产遗留在民间，未能得到充分的关注，久而久之必然会走向濒临灭绝的边缘。对此，在民间文献遗产管理工作中，上述三方面显然是民间文献遗产资源得到全面完善的重要体现，也是民间文献遗产资源实现集中化建设的基础。

（二）民间文献遗产资源的系统化管理

对民间文献遗产研究工作而言，自民间文献遗产挖掘阶段开始，直至民间文献遗产研究成果的产生，管理工作始终发挥着至关重要的作用，涉及民间文献遗产资源收集与整理过程中的管理、民间文献遗产资源运用过程中的管理以及民间文献遗产研究成果的管理三个部分。

第一，民间文献遗产资源收集与整理过程中的系统化管理。民间文献遗产研究工作的基础在于全面发掘其资源，确立研究项目。在这一过程中，无论是研究机构还是研究人员都要面临重重压力和考验，工作量和工作难度自是不言而喻。其间，研究人员不仅要向全社会广泛征集具有民间色彩和地域特色的文献资源，还要对全社会所提供的相关信息和线索进行全面归纳，在反复斟酌的过程中明确民间文献遗产的所属种类，进而对其进行类别的划分。然后，要按照民间文献遗产研究、整理、抢救、修复的基本原则，将其进行顺序排列，最终确定民间文献遗产研究的具体项目。在这一过程中，所有资源信息及相关线索都需要进行系统化管理，确保在民间文献遗产研究工作中能被随时调取，使民间文献遗产研究工作的资源运用更加方便快捷。

第二，民间文献遗产资源运用过程中的系统化管理。在民间文献遗产研究工作中，进行研究项目相关资料的整理，并对其真实性、损坏程度、可修复程度进行有效评估，以及实现修复方案和修复技术的合理选择，都需要充足的资源、信息、线索作为重要支撑。其中，有效将上述工作中所整理好的信息进行快速调取是关键，也是根本的保障性因素。另外，研究的每一环节都会生成相关的数据和过程性材料，这些信息显然都是民间文献遗产研究的宝贵经验，能反映出今后民间文献遗产抢救、修复、保护、管理工作中有哪些注意事项需要得到高度关注，从而为民间文献遗产研究工作提供重要依据。在这一过程中，信息的系统化管理就成为不可缺少的一环。

第三，民间文献遗产研究成果的系统化管理。民间文献遗产研究工作所取得的一切成果，都是民族发展过程中的宝贵财富，所以必须对其进行高质量的管理，其中"信息化"成为必然之选。民间文献遗产研究成果的管理既要涉及成果体现的具体形式，又要涉及每个研究阶段的具体成果，彰显项目研究的过程，这显然是文献遗产研究工作成功经验的集中展示，更是对未来民间文献遗产研究的启迪。

综上所述，无论是在民间文献遗产发掘阶段，还是在研究和成果体现阶段，资源、信息、线索都时时刻刻伴随其间，对其进行管理至关重要，这显然也是民间文献遗产资源集中化建设的直接说明。

（三）民间文献遗产研究工作资源的高度共享

资源共享是促进成果创新的动力因素，保证资源实现高度共享的必要条件是资源在行业内部具有较高的流动性，资源的信息化水平和有效的管理措施无疑起到至关重要的作用。民间文献遗产研究是一项伟大工程，需要有关部门的协同努力、共同参与、并肩攻坚克难，这样才能让更多的民间文献遗产得到充分的挖掘、整理、抢救、修复、保护，最终实现永久性保存。其间，构建民间文献遗产信息化管理平台就成为必然，资源的高度共享也由此转变为现实，其实践操作的侧重点主要体现在三方面：

第一，面向公众的资源、信息、线索的全面收集与整理。民间文献遗产研究工作的起始环节在于全面关注可能存在但并没有得到发掘的民间文献遗产，该环节仅仅依靠研究人员及研究机构并不能达到理想的效果，需要全民族和全社会的共同努力。为此，通过各种网络渠道面向公众进行资源、信息、线索的收集，并对其进行有效整理就成为民间文献遗产研究工作的首要环节。在这一过程中，要特别指明所提供的资源、信息、线索的类型不限，具有民间传统色彩这一特征即可，并将所收集到的相关资源、信息、线索上传至机构云盘，并通过数据统计技术对其进行归纳和分类，完成初步的数据处理，随后将具体数据从云盘中导出，进行相应的整理，为下一步数据的深度处理提供保证。

第二，面向机构内部的资源、信息、线索的处理与存储。在面向全民族、全社会进行民间文献遗产相关资源、信息、线索的征集和整理过程中，研究机构内部要建立一套完整的资源、信息、线索处理系统，不仅要结合归纳与分类情况，将已收集到的相关资源进行类型和数量上的统计，还要依据排序原则，对资源、信息、线索存在的年代和损坏情况做出具体分析，并将其进行有效的排序，为民间文献遗产资源、信息、线索鉴定工作指明方向，同时为民间文献遗产信息征集工作有侧重地开展提供重要依据。最后，研究机构内部要对处理后的相关资源、信息、线索进行存储，存储路径主要是"云端存储"，具体操作是在网络硬盘中建立数据资源库，按照民间文献遗产的类别划分，以及时间和损坏程度排序情况进行数据存储，以供民间文献遗产研究工作的全面开展所用。

第三，面向全行业的资源、信息、线索的分享与挖掘。在做到面向公众和面向研究机构内部进行民间文献遗产资源、信息、线索收集与整理，以及系统化的处理与存储的基础上，研究机构内部要建立资源共享系统，面向全行业进行资源共享。因为"闭门造车"并不能确保民间文献遗产研究工作取得突破，需要各个研究机构能够协同开展发掘、整理、鉴定、抢救、保护、管理工作，以精诚合作的态度攻克难关。此外，研究机构结合所分享的民间文献遗产资源、信息、线索进行资源整合的同时，要总结现有资源中所缺失的条件，进而让民间文献遗产资源、信息、线索挖掘的方向更加明确，助力我国民间文献遗产研究取得更多理想的研究成果。

二、民间文献遗产信息化保护与传承

信息化管理是确保各项活动稳步运行并获得理想效果的关键。民间文献遗产研究工作的全面开展，需要将现代化管理作为重要保障条件，最终实现民间文献遗产发掘、整理、抢救、修复、保护工作取得理想的效果，让民间文献遗产的广泛传承成为现实，大力推进我国优秀传统文化的弘扬。这自然是民间文献遗产信息化管理的又一重要特征。笔者将从两个方面对此进行阐述，以进一步体现民间文献遗产信息化管理的必要性。

（一）公众保护意识培养的信息化

民间文献遗产是遗留在民间的群众智慧和群众艺术，不仅是民族传统文化的重要组成部分，还是当前和未来社会民族发展的典范。对我国民间文献遗产研究工作而言，其保护工作全面开展的重点在于文献遗产本身，民众关于民间文献遗产保护的意识还有待进一步提升。在信息化背景之下，民间文献遗产管理迈上了新的高度，培养民众关于民间文献遗产保护的意识也拥有了较为理想的平台，这也是民间文献遗产信息化管理的又一显著特征，具体体现在三方面：

第一，民间文献遗产永久性存在的作用与意义的信息化推广。以往民间文献遗产研究与保护的作用与价值的推广，通常是在宣传展览中落实，需要研究人员以及有关部门的参与，虽然效果普遍较为理想，但是作用与意义的推广范围并不能实现最大化。对此，在民间文献遗产资源、信息、线索信息化征集过程中，有关主管部门可以对其永久性存在的作用与意义进行推广，实现推广范围最大化的同时，让广大民众能够深刻感知到自身提供的资料和线索有着特殊意义。这不仅可以调动民众广泛发掘民间文献遗产的积极性，还能提升民众关于民间文献遗产永久性存在作用与意义的认知高度，让民间文献遗产保护真正上升到全民族和全社会的高度。

第二，民间文献遗产保护价值的信息化推广。民间文献遗产研究工作的投入力度之所以不断加大，是因为民间文献遗产作为民族文化遗产不可缺少的组成部分，是中华民族智慧结晶的又一重要体现，民间文献遗产研究工作与民族传统文化保护工作处于同等地位。在当今时代发展大背景之下，我国对民族传统文化的发掘力度正在不断加大，故而民间文献遗产研究与保护工作的实施力度也在不断加强，这也是民间文献遗产保护真正的价值所在。对此，在民间文献遗产信息化管理背景之下，在民间文献发掘环节向公众广泛征集有关资源、信息、线索的同时，有关部门要向民众推广民间文献遗产保护的价值，形成民间文献遗产保护价值的信息化推广之势。

第三，民间文献遗产保护意愿的信息化引导。在全民族和全社会推广民间文献遗产保护的作用、意义、价值的根本目的就是引起中华儿女对民间传统文化的高度重视，并将其视为民族可持续发展的动力源泉，唤起中华儿女保护和敬畏传统文化的意识，进而激发民间文献遗产保护的意愿。信息化管理加快了民间文献遗产保护的作用、意义、价值在全民族和全社会的推广进程，广大民众有更多机会感受民间文献遗产的民族魅力和文化魅力，从而不断增强保护民间文献遗产的意愿。该引导过程显然也体现了信息化的特征，展现了民间文献遗产信息化管理的又一重要意义。

（二）保护措施的信息化传递

有知名学者提出过非常著名的观点，即"意识决定行为，行为决定结果"。意思就是行为往往受到意识的支配，而结果通常由行为过程所决定，该观点的准确性已经在无数的实践中得以证实，也是每一位成功者在通往成功道路中所坚持的人生格言。民间文献遗产保护工作的全面开展显然离不开全民族的共同努力，在民间文献遗产信息化管理的过程中，要使更广泛的民众意识到民间文献遗产保护的作用、意义、价值，并采取正确的措施对其进行有效保护，使信息化管理工作的全面开展在其中发挥重要作用，具体表现在两个方面：

第一，在征集民间文献遗产资源的过程中获得发掘线索的经验。前文笔者针对民间文献遗产信息化管理对民间文献遗产资源建设所发挥的作用进行了明确阐述，充分说明在民间文献遗产相关资源、信息、线索的全社会征集过程中，信息化的资源管理能够确保民间文献遗产研究与保护项目的有效确立。然而资源、信息、线索的信息化管理不仅有效服务于民间文献遗产研究机构，也在无形中为广大民众正确认知哪些资源、信息、线索可称为民间文献遗产，在获取过程中应该注意哪些事项，研究成果应该如何加以保护等多个方面提供了服务，让广大民众能够有效获得发掘线索的经验，这显然为公众将保护民间文献遗产的意识转化为实际行动提供了理想载体。

第二，在民间文献遗产修复成果信息化推广中的启发作用。民间文献遗产研究工作阶段性研究成果的整理与推广是一项重要的工作内容，其目的就是让全社会在第一时间感受到我国对传统文化保护所付出的努力，以及所取得的伟大成就。阶段性成果的信息化整理与推广，不仅会让民众抒发出内心的赞叹之情，感慨中华儿女自古就有伟大的智慧，并且这些智慧不仅流传至今，还能服务未来社会，更能让民众体会文献遗产修复工作的艰辛，成果来之不易。这显然是保护民间文献遗产的有效措施，更是在民间文献遗产修复成果信息化推广的过程中，启发民众有效进行民间文献遗产保护的直接体现。

三、民间文献遗产管理技术优势的充分发挥

从民间文献研究工作的全流程出发，发掘、整理、修复、抢救、保护工作是必不可少的环节，也是我国民间文献遗产研究工作的重中之重。但从民间文献遗产的历史价值、文化价值、社会价值的永久性体现角度出发，有效进行民间文献遗产的管理工作自然是至关重要的一项。伴随我国信息技术的全面发展，一系列技术手段应运而生，这不仅能推动我国民间文献遗产管理迈向信息化管理新台阶，还能助力我国民间文献遗产的历史价值、文化价值、社会价值的永久性展现。

（一）大数据技术的充分运用

大数据就是海量数据，大数据技术指的就是对海量数据进行全面捕捉，再进行初步的处理，最后对其进行存储、分析和挖掘，是各个行业全面提高核心竞争力的关键性技术条件。[①] 由于我国民间文献遗产种类和数量惊人，对其进行全面的信息捕捉、处理、存储、分析与挖掘是信息化管理的一项基本特征。民间文献遗产信息化管理大数据技术流程如图7-1所示。

---

① 陈南. 网络环境下我国文献信息资源共建共享体系的构建研究[J]. 创新科技，2013（11）：2.

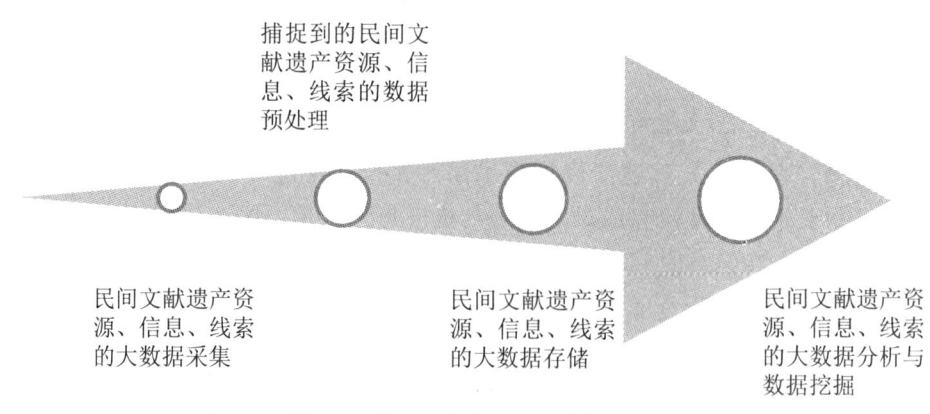

图 7-1　民间文献遗产信息化管理大数据技术应用流程

（流程图内容：民间文献遗产资源、信息、线索的大数据采集 → 捕捉到的民间文献遗产资源、信息、线索的数据预处理 → 民间文献遗产资源、信息、线索的大数据存储 → 民间文献遗产资源、信息、线索的大数据分析与数据挖掘）

在图 7-1 中，笔者已经对民间文献遗产研究过程中，信息化管理工作的大数据技术应用的主要流程进行了明确的表述，但是该应用流程的每一个环节都要有具体的细节作为支撑，由此方可确保民间文献遗产信息化管理水平的进一步提升，最终达到全面提高民间文献遗产研究质量的目的。该流程每个环节的具体应用如下：

第一，大数据采集。该模块是大数据技术最基础的模块，主要体现在对相关数据的广泛捕捉，以使民间文献遗产研究工作能够有"用之不竭"的资源、信息、线索，进而增强我国民间文献遗产研究工作的全面性。从我国当前已经发掘、整理、修复和保护的民间文献遗产来看，其种类之多和数量之大令人惊叹。众多未被发掘的资源、信息、线索需要进行广泛性捕捉，并进行系统化管理，这就需要大数据技术中的数据采集模块发挥应有的作用，而这也是民间文献遗产信息管理工作中，大数据技术有效应用的首要环节，也是其基础作用和功能的具体展现。

第二，大数据预处理。数据采集工作是对民间文献遗产相关资源、信息、线索的全面捕捉，以使民间文献遗产研究工作能够拥有充足的资源。但该技术模块所发挥的作用尚不足以让广大研究人员将其加以有效运用，需要对数据进行预处理，包括资源、信息、线索的分类，以及具体的数据统计与归纳，从而使数据能够按照民间文献遗产保护工作的排序原则进行有效排序，进而确保民间文献遗产研究工作开展顺序和流程的合理性。

第三，大数据存储。众所周知，当前我国已经发掘的民间文献遗产的种类和数量众多，更有众多濒危民间文献遗产相关资源、信息、线索依然处于待核实、待鉴定、待开发的状态，对其进行有效的系统化存储，显然是每一名工作人员必须面临的一项严峻挑战。大数据技术具备海量数据存储模块，并且能够做到数据的分类存储,以方便工作人员进行数据提取、数据分析、数据挖掘工作。这不仅强化了民间文献遗产资源、信息、线索利用的科学性,还让管理工作真正实现高效运行。

第四,大数据分析挖掘。在民间文献遗产管理工作中,要对现有的数据进行有效的分析,根据分析结果有效辨明当前民间文献遗产的资源种类以及数量占比情况,从中找到所占数量比例相对较小的资源种类,从而扩大民间文献遗产发掘的侧重点。此后,数据捕捉系统会围绕该侧重点,将数据捕捉的方向落在此处,进而确保该类民间文献遗产的资源能够得到最大限度补充,进而为我国民间文件遗产研究工作的全面开展提供强有力的保证,使我国民族文化发展始终拥有不竭的动力。

(二)云计算技术作用的全面发挥

"云计算"作为科学术语,是分布式计算方法中的一种,指的是通过网络"云"将巨大的数据计算处理程序分解成无数个小程序,然后,通过多部服务器组成的系统处理和分析这些小程序得到的结果并将其返回给用户。该技术可以在短时间内完成数以万计的数据处理,从而提高海量资源管理与运用的效率。在民间文献遗产研究工作中,数据计算显然是一项极为庞大的工程,有效进行数据计算和管理至关重要。云计算技术的应用显然是一项理想之选。其关键技术节点包括三个方面:

第一,体系结构方面。要打造民间文献遗产研究机构主界面,并且实现研究机构与广大民众之间的双向互动,力求研究机构能够将研究进度和研究成果第一时间推送给广大民众,同时广大民众也能将民间文献遗产相关资源、信息、线索提交到研究机构。随后,研究机构要向广大民众明确信息推送列表,以及征集资源、信息、线索的主要列表,让其能够明确哪些方面的资源、信息、线索能够帮助民间文献遗产研究机构有效地开展研究工作。在此之后,研究机构还要建立信息管理系统,对研究价值较高,能够体现出历史价值、文化价值、社会价值的相关资源以及信息线索进行有效管理,以使民间文献遗产研究过程中高质量的资源能够得到充分运用。除此之外,还要注重资源有效部署模块的构建,使研究机构在向广大民众征集相关资源、信息、线索的过程中,能够有更为直观和明确的样本作为参考。

第二,资源监控方面。云端资源数据无疑极为庞大,如何有效地进行信息资源的更新,并且做到更新精准度的不断提升,让更为可靠的信息能进入民间文献遗产研究工作之中,显然是当今我国民间文献遗产研究人员必须重点思考的问题。对此，有效进行资源监控就成为云技术在民间文献遗产研究工作中的关键。其中最主要的工作就是针对资源的负载，以及使用情况进行全方位的管理，力保使用效率较低、研究价值不明显的民间文献遗产资源、信息、线索能够在第一时间被清除，从而保证云系统的资源负载能够得到有效降低，让更多具有较高使用价值和研究价值的民间文献遗产资源、信息、线索第一时间补充进来。这恰恰与大数据技术运用过程形成了有效的互补，同时让民间文献遗产资源管理迈向信息化和数字化的新高度。

第三，自动化部署方面。从科学技术发展的角度出发，自动化操作显然已经成为科学技术攻关的主要方向，计算机资源管理与应用的状态显然也朝这一方向发展，在民间文献遗产研究工作中，资源、信息、线索管理环节也逐渐将其转化为现实。其中，云计算技术更加强调其自动化部署。在这一过程中，最为明显的表现就是降低了研究人员与计算机之间交互的频率，让智能化分类、智能化处理、智能化存储、智能化分析、智能化数据发掘成功运用到民间文献遗产资源、信息、线索管理环节之中，这样不仅降低了研究人员日常信息管理方面的高负荷，而且能够进一步提高民间文献遗产信息资源的管理质量，从而提高信息资源使用的效率，让濒危民间文献遗产发掘、整理、修复、抢救、保护、管理工作的质量不断提升。

（三）资源信息管理软件的不断升级与换代

随着信息技术的飞速发展，资源管理涌现出了大数据和云计算两项技术，这两项技术不仅具有划时代的意义，也为资源管理领域提供了前所未有的人性化服务，极大地促进了资源管理领域的快速发展。在这一时代背景之下，以这两项技术为支撑的资源信息管理软件也层出不穷，推动了资源管理领域发展进程的不断加快。民间文献遗产资源管理的实质就是资源管理，在该背景下，信息化管理显然具有资源信息管理软件不断升级与换代这一基本特点，具体表现在三方面：

第一，Zotero软件出现并得到高度重视。该软件被广大历史文献研究工作者誉为文献管理的"神器"，其最具代表性的特点就是附带一个浏览器小程序，能够对发掘到的文献资源进行存储和管理，并且结合文献发掘过程中的疑惑，查阅文献的具体引用情况，从而拓宽文献发掘的思路与视野。由于在民间文献遗产研究工作中需要发掘和整理的相关文献信息众多，文献资源存储、管理、查询引用情况自然是工作流程的重要一项，该资源管理软件的出现也因此得到了高度重视，并且在民间文献遗产发掘、整理、抢救、修复、保护、管理环节之中，已经成为研究人员普遍选择的对象，更为民间文献遗产研究工作始终维持高效性增添了砝码。

第二，Mendeley软件进入民间文献遗产管理领域。该软件作为Zotero软件的升级款，主要的特点就是每位研究人员都可以注册一个专属账号，将所有收集到的民间文献遗产资源、信息、线索上传至网盘，能够在减轻计算机存储压力的同时，让信息资源得到更为科学的管理。从当前我国民间文献遗产研究工作所取得的成果来看，每一项研究成果的出现，都需要将无数的信息进行整理与分析，这样才能从中找到最佳的研究思路，制订最佳的研究方案。在这期间，各类信息无论是数量，还是存储所占空间都是空前的。对此，Mendeley软件逐渐走入广大研究人员的视野，并且被应用至研究实践活动，这显然为我国民间文献遗产研究工作的顺利进行提供了重要保障，更加快了我国民间文献遗产信息化管理发展步伐。

第三，JabRef软件成为关注的新焦点。该软件作为文献管理领域的新产品，其亮点主要体现于可以在数据库中进行资源搜索，并且可以将所选定的对象进行批量化下载，同时支持与网盘的相互连接，可以将其直接上传至网盘，进行文献资源的有效管理。在上文中，笔者已经明确指出了我国民间文献遗产研究工作的主要特点，并且说明了每一项研究成果的出现都离不开充足的资源作为支撑。随着研究项目的不断拓展，所要发掘的资源、信息、线索数量势必会急剧增加，理想的资源管理系统就成为最关键的技术条件。该软件所具有的优势较为明显，故受到广大民间文献遗产研究人员的青睐，并得以有效应用。这必然会进一步提高我国民间文献遗产管理的信息化水平，同时能进一步推动我国民间文化的传承、弘扬、发展。

四、民间文献遗产管理基础设施的完备

国家各项事业的腾飞离不开先进的科学技术和先进的文化，在当今科学技术飞速发展的今天，先进文化的传承与发展拥有了更为理想的平台，这无疑为我国各项事业又好又快发展提供了强大的动力。就当前而言，网络信息技术在民间文献遗产研究领域得到了高度重视，并且为研究工作迈向信息化提供了最为基本的保障条件。而随着时代的发展与进步，网络信息技术升级换代的步伐不断加快，从而为民间文献遗产研究工作信息化水平的提高提供了更为完备的基础设施，也使民间文献遗产信息化管理上升到新的高度，这正是当今时代背景下民间文献遗产信息化管理特征的又一体现。

（一）"公网"与"内网"成为扩大民间文献遗产研究工作成果的有力支撑

当前我国网络体系主要由"公网"和"内网"构成，前者就是人们日常工作与生活中常说的互联网，后者则是具有特殊用途的局域网。众所周知，伴随我国文化事业的飞速发展，众多文化遗产相继被发掘，民间文献遗产研究工作也取得了众多研究成果，这不仅让广大民众增强了文化自信，还能服务于未来社会的发展。对此，我国不仅加强了传统文化的推广工作，也加强了文化遗产的保护工作，这两项工作通常分别在"公网"和"内网"中进行。在民间文献遗产迈向信息化管理道路的过程中，"公网"和"内网"显然为扩大民间文献遗产研究工作的成果提供了强有力的支撑条件，具体表现在三方面：

第一，"公网"的资源聚集力和研究成果的推广力。在民间文献遗产研究工作的具体实施过程中，一切资源、信息、线索的发掘只依靠研究机构往往并不能达到最佳的效果，研究的视野也会存在一定的局限性，从而导致民间文献遗产发掘、整理、抢救、修复、保护工作的视角过于片面，不利于对我国优秀传统文化的深入挖掘与全面推广。对此，发动全民族、全社会共同参与，在提供资源、信息、线索的同时，将民间文献遗产研究工作的时代意义、文化价值、社会价值以及民间文献遗产研究成果与保护措施加以有效推广，对推动中华民族实现"文化复兴"发挥着至关重要的作用，能更加直观地彰显"公网"在资源聚集与成果推广中的作用。

第二，"内网"的研究成果保护力。在我国，民间文献遗产研究属于"文化强国"战略的重要组成部分，直接影响和服务民族未来发展的研究成果，要加以重点的保护，这一方面的民间文献遗产往往存在于研究机构的"内网"中，会在合适的发展阶段出现在公众视野，并得以大力推广，以确保中华优秀传统文化能够得以永续流传，始终保持大力弘扬和发展的姿态，让传统文化中的民族精神和民族气质能够永久伴随中华民族的发展。

第三，"公网"与"内网"确保研究成果的价值最大化。虽然"公网"与"内网"在民间文献遗产研究、推广、保护工作中发挥的作用各有不同，但是目的却高度统一，就是让全民族、全社会能够认识到民间文献遗产的存在，以及其在民族发展、社会进步过程中所具有的价值。这显然能让民间文献遗产研究的成果实现价值最大化，同时使民间文献遗产信息化管理的时代意义凸显出来。

（二）5G时代赋予民间文献遗产信息化管理较好的硬件条件

从时代发展角度看民间文献遗产研究工作，不难发现时代发展不仅向人们展示着科技进步，还向人们展示着民族文化所发挥的强大推动作用。5G网络已经成为当今时代的代名词之一，其为人们提供的方便与快捷体现在方方面面，民族文化事业的发展更是乘着5G时代的东风上升到新的高度。其中，民间文献遗产信息化管理成为最为显著的标志，人们了解和参与民间文献遗产研究、抢救、保护工作的渠道更加便捷，民间文献遗产的文化导向作用也随之更为凸显，这显然也是民间文献遗产信息化管理的又一基本特征，其主要体现在以下两方面：

第一，5G基站的大范围投入。5G时代不仅推动了我国经济的又好又快发展，也为我国其他各项事业又好又快发展注入了新的动力。民间文献遗产研究工作是一项伟大的事业，信息的流动性和管理的科学性无疑发挥着至关重要的作用。5G基站的全面投入意味着社会从4G网络迈向5G网络拥有了基本的载体，民间文献遗产研究与保护工作的全面开展也拥有了有力的基础设施保障，民间文献遗产的信息化管理也成为现实，这显然使民间文献遗产发掘、研究、保护、推广工作的又好又快发展如虎添翼，让民间文献遗产信息化管理拥有了更好的硬件条件。

第二，5G网络的全面覆盖。5G基站大面积投入使用，标志着我国广大地区已经实现5G全覆盖，信息流通速度和覆盖范围大幅增加，人们了解社会、历史、文化等各个领域的发展也更加便捷，这不仅是时代对社会的馈赠，更是时代赋予民族文化又好又快发展的希望。民间文献遗产研究工作是为了更好地挖掘民间文化，丰富已有的民族传统文化，而5G网络的全面覆盖预示着全民族和全社会拥有更好的平台去了解民间文献遗产，更加深入地了解民族文化的发展历程和取得的成就，从而更好地服务当代社会和未来社会的发展。这无疑是中国民间文献遗产迈向信息化管理的时代新追求，更是对民间文献遗产信息化管理的时代意义与价值的充分诠释。

通过笔者在本节中的观点阐述，可以发现民间文献遗产信息化管理的特点能够作用于研究人员、研究机构、民众、社会。民间文献遗产信息化管理对研究人员与研究机构而言，有助于民间文献遗产的发掘、整理、研究、抢救、修复、保护工作的全面开展；对民众与社会而言，有助于基层民众真正了解民间文献遗产研究和保护的意义与价值，从而树立保护意识，让民间文献遗产对民族发展与社会进步发挥引导与服务作用，为"文化强国"的建设提供推动力。

第二节 民间文献遗产信息化管理的方案构建

在民间文献遗产研究工作中，科学的管理作为重要一环，其作用与价值体现在研究工作全过程的各个阶段。为此，在明确民间文献遗产信息化管理的特点的基础上，笔者将针对民间文献遗产信息化管理方案的构建思路进行具体论述，希望能够为当今乃至未来社会民间文献遗产研究工作质量的不断提升提供借鉴。

一、立足当前法律大环境，明确民间文献遗产信息化管理的必然性

理想的法律大环境是推进我国各项事业飞速发展的重要保证，民间文献遗产研究工作的信息化管理也需要有良好的法律大环境作为重要支撑。从当今时代我国对民族传统文化传承、弘扬、发展所投入的力度来看，国家层面已经对民间文献遗产信息化管理予以了重视，并且出台了一系列相关法律法规，这些都为民间文献遗产信息化管理提供了良好的法律环境，民间文献遗产管理的信息化发展显然具有历史的必然性。

（一）民间文献遗产研究的法律大环境概括

某一领域法律法规的出台可以证明国家对该领域发展的重视程度，国家对传统文化传承、弘扬、发展的重视程度不言自明，也出台了一系列相关法律法规。其中，对民间文献遗产研究方面进行了明确的法律规定，这无疑为当今时代我国民间文献遗产研究工作始终保持又好又快发展提供了重要的法律保障，为我国当代民间文献遗产信息化管理提供了重要的法律支撑。我国与国际民间文献遗产主要相关法律见表7-1。

表7-1 我国与国际民间文献遗产主要相关法律

序号	颁布时间	名称	主要内容
1	2020年第十三届全国人大常委会第十九次会议修订	中华人民共和国档案法	第十八条明确指出，博物馆、图书馆、纪念馆等单位保存的文物、文献信息同时是档案的，依照有关法律、行政法规的规定，可以由上述单位自行管理

续表

序号	颁布时间	名称	主要内容
2	2017年11月4日修改	中华人民共和国文物保护法	历史上各时代重要的文献资料以及具有历史、艺术、科学价值的手稿和图书资料等，纳入法律保护范围
3	2006年4月生效	保护非物质文化遗产公约	根据联合国教科文组织的定义，非物质文化遗产包括各种类型的民族传统和民间知识，各种语言，口头文学，风俗习惯，民族民间的音乐、舞蹈、礼仪、手工艺、传统医学、建筑术及其他艺术
4	2015年	关于保存和获取包括数字遗产在内的文献遗产的建议书	数字遗产包括模拟或数字信息内容及其载体的物品。该物品可保存，而且通常是可移动的。其内容可以包括能够复制或转移的符号或代码（如文本）、图像（静止或活动）和声音。载体可具有重要的审美、文化或技术特性。内容与载体之间的关系既可能是附带的，也可能是不可分割的

纵观以上法律内容，不难发现文献信息属于档案信息的一种，有关机构有权利依照相关法律自行管理。同时，文献遗产属于我国非物质文化遗产保护的基本范畴，我国以此为主体出台了《中华人民共和国非物质文化遗产法》，以此规范当今 w 时代背景下的民间文献遗产管理，增强民间文献遗产保护力度。除此之外，我国还积极响应《保护非物质文化遗产公约》，将各种类型的民族传统和民间知识，各种语言，口头文学，风俗习惯，民族民间的音乐、舞蹈、礼仪、手工艺、传统医学、建筑术以及其他艺术纳入保护范围。因其文献遗产总量过大，保护工作需要有效的管理措施作为重要支撑，所以民间文献遗产的信息化管理应运而生，并逐渐走入当今有关机构和研究人员的视野。

（二）法律大环境为民间文献遗产信息化管理提供的契机

上文相关的法律大环境足以说明当前我国对非物质文化遗产的保护力度。当前的法律大环境能够为民间文献遗产发掘、整理、抢救与修复、保护、管理五个环节提供强有力的法律支撑。特别是在民间文献遗产管理方面，结合时代社会发展的大趋势，我国已经在相关法律中明确指出信息化管理是必然趋势，法律大环境在其中发挥的作用具体表现在三个方面：

第一，《中华人民共和国档案法》强调具有档案性质的文献信息要由相关机构自行管理。具有档案性质的文献信息显然关乎某一领域的发展，具有一定的保密性，所以有关部门或机构有权自行管理。民间文献遗产研究工作显然也具有一定的档案工作的性质，不仅要有针对性地进行保密管理，还要有针对性地进行大力推广。其间，信息收集、成果推广与保护工作普遍以数字信息的形式存在，对其进行有效管理就需要信息化程度较高的措施作为保证，这意味着民间文献遗产信息化管理是未来发展的大趋势，该项法律的大力实施必然会加快其发展进程。

第二，《保护非物质文化遗产公约》体现出文化遗产保护的重点在于传承和弘扬。在前文中，笔者已经多次强调了民间文献遗产是中华民族非物质文化遗产的重要组成部分，保护民间文献遗产是全民族和全社会的共同责任，不断加强相关信息的推广也成为该项法律向人们传递的隐性信息之一。但不可否认的是，该项工作在民间文献遗产线索和信息征集，以及研究成果展示活动中的开展效果往往最为理想，也就是说在推广活动进行过程中，信息化管理工作要与之伴随，以使推广效果趋于理想化。

第三，《关于保存和获取包括数字遗产在内的文献遗产的建议书》明确指出文化遗产数字形式的体现。该建议书能说明民间文献遗产管理的未来发展大方向，也能说明民间文献遗产管理的侧重点不能局限于封存和保护，还要体现在民间文献遗产的大力推广，以及群众对有效信息的获取方面。数字遗产指的就是网络信息资源方式的文化遗产，在当今乃至未来时代发展大背景下，民间文献遗产研究的全过程和民众了解民间文献遗产的方式显然体现在网络信息层面，所以该法律向每一名该领域工作者进一步指明民间文献遗产管理必须实现高度的信息化。

二、通过加强现代信息技术的运用深度打造管理过程的信息化

管理过程的信息化意味着管理过程中的一切行为都要以信息的形式呈现出来，并且将信息进行及时、快速的流转与运用，还要对其进行统计、分析、优化，由此确保信息化管理过程始终能够维持管理工作的顺利进行，最终直接体现于工作的开展效果。民间文献遗产研究工作作为全民族和全社会的公共活动，其开展效果必然要受到管理方式和实施过程的影响，信息化管理就成为全面确保其质量的重要保证和理想之选。其中，现代信息技术的引进与应用是关键环节，笔者认为其应该体现在三个方面。

（一）大数据技术的引进

大数据技术在不同领域的作用与价值主要体现在两个方面：第一，数据捕捉范围能够覆盖全网络，捕捉量巨大，同时能够做出预处理和海量数据分

析，向人们指明数据挖掘的方向，能够为某一个体或机构在该领域拓宽发展方向。第二，拥有较大的数据存储空间，并且能实现数据统计与分析的系统化，这无疑为数据利用和正确作出相关决策提供了更加客观的依据。面对当今我国为民间文献遗产研究工作所提供的良好法律环境，全面提高民间文献遗产管理的信息化水平就必须引进先进的信息技术。大数据技术显然是需要重点关注的对象之一。

引进大数据技术应在三个方面引起高度重视：第一，分布式处理技术的引进。该技术是提高信息捕捉速度的重要支撑，能够对网络中所存在的相关信息进行快速捕捉，并且能够同时捕捉多个对象，不仅大幅提高了信息捕捉的灵敏度，还能减轻计算机在全网内进行高速信息捕捉的过程中所承担的压力。民间文献遗产管理工作需要捕捉的信息种类较多、数量较大、复杂性较明显，所以大数据技术的引进必须将分布式处理技术的全面引进放在首位，以此为后续环节的高效运行夯实基础。第二，存储技术的引进。存储技术作为海量信息存储的技术，也是大数据技术的重要组成部分。该技术不仅能够对信息类型进行有效识别，还能对其进行分类，最终将其合理地存储到存储空间。另外，该存储技术还有一项极为明显的特征，即存储空间强大。将该技术引进至民间文献遗产管理工作，必然能够满足民间文献遗产发掘和整理环节的高要求。正因如此，在民间文献遗产信息化管理工作中，大数据技术的引进应将存储技术放在重要位置。第三，感知技术的引进。该技术作为一种自然输入方式，是通过语言或手势将所要输入的信息录入计算机，或者在数据捕捉过程中通过语言或手势捕捉未被识别的信息，在极大程度上解放了操作者的双手，让信息录入和信息捕捉过程变得更加便捷。毋庸置疑，民间文献遗产无论是资源发掘工作还是资源整理工作，都是一项庞大的工程，举全民族和全社会之力所征集到的资源、信息、线索可以用天文数字来形容，如果依靠工作人员手工进行捕捉和整理，显然会使工作人员面对巨大的工作压力，这不仅会影响信息管理的效率，还会制约其他环节工作的全面开展。对此，在民间文献遗产信息化管理过程中，必然要将感知技术纳入大数据技术的引进范畴。

（二）云计算技术的应用

云计算技术是大数据技术全面应用的重要补充，也可以将其作为大数据技术的一项重要支撑。云计算技术的适用领域如图7-2所示。

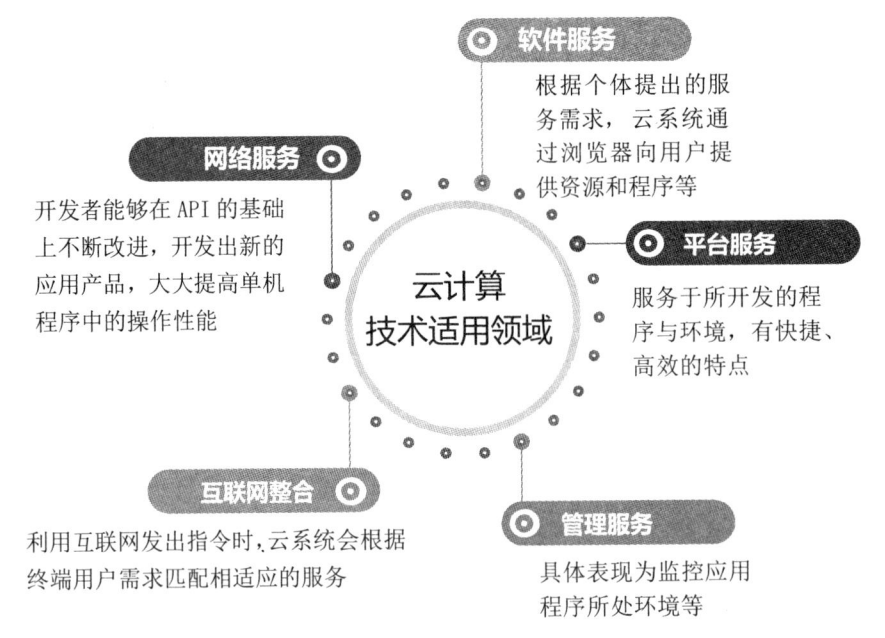

软件服务：根据个体提出的服务需求，云系统通过浏览器向用户提供资源和程序等

网络服务：开发者能够在 API 的基础上不断改进，开发出新的应用产品，大大提高单机程序中的操作性能

平台服务：服务于所开发的程序与环境，有快捷、高效的特点

互联网整合：利用互联网发出指令时，云系统会根据终端用户需求匹配相适应的服务

管理服务：具体表现为监控应用程序所处环境等

中心：云计算技术适用领域

图 7-2　云计算技术的适用领域

通过图 7-2 所概括的云计算技术的适用领域，能够看出其在软件更新换代方面、网络与平台服务方面、管理服务和互联网整合方面能够提供较为人性化的支撑条件，确保各项运行活动的顺利开展。从民间文献遗产信息化管理的实质出发，管理工作主要体现在资源管理和成果管理两个方面，前者体现在资源收集与整理、数据处理和分析、数据存储与挖掘三个方面，后者在于成果保护与推广。因此，在民间文献遗产研究工作中，高度的信息化管理必须有大数据作为支撑，为其提供服务和保障。其中，技术重点在于数据分析、结果统计、结果反馈三方面，让民间文献遗产发掘、整理、抢救与修复、保护、推广工作能够有客观的数据信息统计与分析过程，并且能够及时获得有效的反馈信息，让有效改进民间文献遗产研究工作的有关细节具备较为客观和充分的依据。

(三) 管理软件的实时更新

管理软件的层出不穷是大数据和云技术在计算机领域深层次应用的最终结果，也是社会发展的必然产物。民间文献遗产信息化管理必须与时代发展的脉搏保持高度一致，管理软件要始终处于不断更新的状态。其中，前文所提到的 Mendeley 等管理软件显然是较为理想的选择，应作为民间文献遗产信息化管理重点关注对象之一。管理软件的更新要重点关注以下三方面，以更好地服务民间文献遗产管理全过程。

第一，明确民间文献遗产信息化管理发展的必然需要。在民间文献遗产研究工作中，无论是在发掘阶段，还是在整理、抢救、修复、保护、管理阶段，都会有海量的信息资源产生，并需要对其进行全面的处理与分析，还要对处理与分析后的信息进行全面存储，确保每个阶段都能在最短的时间内调取相关信息，以保证研究工作的顺利进行。在该过程中，管理软件必须具备大数据捕捉、处理、分析、存储、发掘能力，并且要突出数据调取和数据更新过程的便捷性，这显然是民间文献遗产信息化管理发展的必然需要。

第二，明确民间文献遗产信息化管理软件的必备功能。根据上文明确的民间文献遗产信息化管理发展的必然需要，笔者认为管理软件的必备功能应该体现在以下几个方面：其一，全网内自动捕捉有效信息的功能；其二，信息的整理和预处理功能；其三，有效存储处理结果的功能；其四，数据挖掘功能。这些功能可以确保民间文献遗产研究各个环节的有序运行，并且使运行效果始终处于理想状态，因此要作为民间文献遗产信息化管理软件选择中必须重点关注的对象。

第三，有效选择民间文献遗产信息化管理软件。在明确民间文献遗产信息化发展的必然需要，以及管理软件的必备功能的基础上，要针对管理软件运行的稳定性和安全性进行管理软件的有效选择。Zotero、Mendeley、Zotero 三个管理软件功能都比较强大，能够满足民间文献遗产信息化管理的日常需要，同时在运行期间的稳定性与安全性方面都有保证，可以作为主要的选择对象。除此之外，NoteExpress 作为一款国产资源管理软件，其功能性也比较强大，能够支持对有关中文文献和外文文献的搜索，这显然对民间文献遗产研究工作的深层次开展起到较大的推动作用，可作为上述三款管理软件的升级换代产品。

三、围绕信息化管理成果实现民间文献遗产的信息化推广

民间文献遗产研究工作的各个环节都离不开信息化管理手段，既体现在发掘与整理阶段，又体现在抢救、修复、保护阶段，还体现在管理与社会推广阶段。其中，管理阶段的工作重心不仅体现在成果管理方面，也体现在过程管理方面，而社会推广阶段的工作重心不仅体现在成果的社会推广方面，也体现在研究过程的社会推广方面。这显然是对民间文献遗产信息化管理水平的具体说明，更是民间文献遗产研究高效性的根本体现。笔者从三个方面对这一观点加以论证。

(一)依托大数据、云计算、管理软件等技术展现民间文献遗产研究发展的信息化

在上文中笔者明确指出,民间文献遗产研究工作是一项海量信息收集、处理、存储、分析、深度挖掘的工程,其研究成果不仅汇聚了研究人员的智慧与汗水,也让民间文化的结晶尽显无遗,其间信息化管理无疑功不可没,它使研究成果的社会推广效果达到最佳,这显然向世人证明了民间文献遗产研究发展的信息化。其中,依托大数据、云计算、管理软件等技术的作用表现具体如下:

第一,大数据技术在民间文献遗产研究信息化发展中的具体表现。在全网进行海量数据的捕捉,并将捕捉到的数据依次进行预处理、类别划分、类型归纳、存储、系统性分析,同时找到信息发掘的侧重方向,实现信息的实时补充与完善,这显然是民间文献遗产发掘阶段信息化管理的直观体现。

第二,云计算技术在民间文献遗产研究信息化发展中的具体表现。云计算技术主要针对海量数据进行统计与分析,让数据的侧重方向变得更为明显,同时用数据说明哪类信息需要具体补充,还能明确数据的信度、效度,让信息本身的可用性达到最大化,这显然也是民间文献遗产信息化管理的主要体现形式之一。

第三,资源管理软件在民间文献遗产研究信息化发展中的具体表现。资源管理软件是民间文献遗产研究工作全过程中大数据技术和云计算技术作用效果集中体现的平台,具体而言就是上述两项技术都会在资源管理软件运行过程中将其作用和功能充分发挥出来。这显然更加有力地证明了资源管理软件在民间文献遗产研究信息化发展中的作用,揭示了民间文献遗产管理工作未来发展的大方向。

(二)立足信息化管理成果进行民间文献遗产的社会推广

民间文献遗产信息化管理的成果体现形式非常直观,就是对民间文献遗产的高质量还原,其不仅要有图片、视频、声音作为直观展示的主体,还要附有相关文字说明,以充分体现民间文献遗产研究工作的历史价值、文化价值、社会价值,这也是信息化管理成果的社会推广的有力证明。其中,信息化管理无疑发挥着至关重要的作用,其具体表现如下:

第一,信息的全面性和客观性是研究成果历史价值、文化价值、社会价值的直观表达。民间文献遗产研究成果的出现,必须经历发掘、整理、抢救

与修复、保护、管理五个环节，并且在每一个环节都需要对信息进行系统的采集、整理、统计与分析、存储、再发掘、调用，最后将研究成果呈现，以使全民族和全社会可以通过对信息的解读，更加全面地了解民间文献遗产研究过程。具体的信息标注也能够让人们深刻意识到采取各项手段与措施的原因，从而体现研究成果的历史价值、文化价值、社会价值。其中，无论是资源整合与应用，还是成果的社会推广，都要通过信息化的手段实施，由此确保民间文献遗产研究成果能够引起广大中华儿女的高度关注。

第二，信息的过程性体现出研究成果保护的必要性。民间文献遗产研究工作的实质就是工程项目实施的过程，研究成果又可以称为工程项目成果。所以，过程性研究材料就成为民间文献遗产研究工作的重要组成部分。在进行研究成果社会推广的过程中，过程性材料由于具有过程性说明作用，能够为全社会带来有效的启发和暗示，所以必须作为研究成果社会推广的一项主要内容。其间，过程性材料的系统化展示显然需要信息化管理过程作为支撑，信息化管理过程能使研究成果保护的必要性充分体现出来。

第三，信息的保密性体现研究成果的重要意义。在民间文献遗产研究成果社会推广过程中，个别研究项目只进行最终的成果展示（如图片等形式），过程性研究材料、研究方法、实施过程并不向社会公布。社会民众可以在无形中领会民间文献遗产自身具有特殊的意义与价值，相关信息保密程度较高。信息化管理能对研究过程的相关信息进行加密处理，提升其安全等级，由此保证民间文献遗产研究的历史意义、文化价值、社会意义的体现能够与时代发展高度一致，使其更好地服务于民族发展与社会进步。

（三）通过广泛吸纳全社会的信息反馈，实现信息化管理措施的优化

在民间文献遗产社会推广工作中，向社会公众展示研究成果和研究过程的主要目标在于两方面：一是引起民众的广泛重视，二是检验民众关于民间文献遗产研究工作的满意程度。广泛吸纳全社会的信息反馈能够为全面而有效地优化信息化管理措施提供客观依据，具体表现在三方面：

第一，针对民间文献遗产研究成果开展社会性评价。在前文中笔者指出，民间文献遗产研究工作必须以普适性保护理论为指导，强调动态化评估，民间文献遗产管理与社会推广工作也不例外。有效进行研究成果的社会性评价往往能够说明民间文献遗产信息化管理过程是否理想。在此期间，必须明确社会评价原则与标准、方法与指标，并将广泛收集和整理社会评价的

结果，最终得出民间文献遗产信息化管理的公众满意度，了解广大民众对民间文献遗产研究的重视程度。

第二，立足社会评价结果归纳社会意见反馈。在广泛收集社会评价结果，并对其进行分类统计与分析的同时，要客观了解社会对民间文献遗产研究成果的满意度，找出某一方面满意度未达到预期目标的主要原因，最后据此反思民间文献遗产信息化管理流程中存在的缺失。这显然为民间文献遗产信息化管理工作具体细节的有效调整指明了方向，更为优化措施的制定提供了有力的依据，以确保民间文献遗产信息化管理质量和民间文献遗产保护工作质量的不断提高。

第三，根据社会意见反馈合理优化民间文献遗产信息化管理措施。在通过社会评价结果分析出社会反馈意见，同时要有针对性地对民间文献遗产信息化管理流程细节的合理性进行深入讨论，将有效处理反馈意见的措施进行归纳与整理，最后通过管理实践来证明这些措施是否有效，能否提高民间文献遗产研究工作的水平。如未能达到预期效果则说明依然存在进一步优化的空间，反之则要将其视为措施优化的主要方案，以提高民间文献遗产信息化管理的效果。

四、不断强化民间文献遗产管理信息化的安全性

民间文献遗产信息化管理的初衷在于使各项工作的开展达到高效化，无论是发掘、整理工作，还是抢救、修复、保护、管理、推广工作，信息化管理都能使其拥有充足的信息作为支撑，以确保研究成果达到最大化。然而，民间文献遗产管理信息化中的信息安全性就成为左右上述初衷能否转化为现实的重要因素，不断增强信息的安全性就成为广大学者和有关工作人员必须关注的重点。

（一）转变增强民间文献遗产信息安全性的视角

从信息安全性角度来看，安全性较高只能说明信息的安全等级相对较高，反之则相反。由此可见，提高信息安全性可以从不同的视角出发。就民间文献遗产信息化管理的安全性而言，要改变加强民间文献遗产信息安全性的视角，笔者认为可以着眼于以下三方面：

第一，重新定义民间文献遗产信息的性质。民间文献遗产研究的最终目的就是让具有历史价值、文化价值、社会价值的民间传统文化成为民族发展的动力，在民族发展与社会的进步中发挥促进作用。其间，推广工作显然至

关重要，能够引起全民族和全社会对民间文献遗产的高度重视，也能唤起对民间文献遗产的保护意识。但是，有很多民间文献遗产无论是研究过程，还是研究成果都具有一定的特殊价值，因此不能进行全面推广。民间文献遗产作为民族非物质文化遗产的重要组成部分，如不能对其相关信息的性质加以有效界定，显然不利于全面增强其信息的安全性。在这里，笔者认为民间文献遗产信息具有档案性质。

第二，转变民间文献遗产信息安全的固有认知。就信息安全而言，人们通常认为不被泄露就是安全性的具体表现，但是在信息时代背景下，如不提高信息本身的安全级别，必然会存在信息泄露的可能性。对此，在民间文献遗产信息化管理过程中，提高民间文献遗产信息的安全级别是关键，其次是在技术与手段方面不断对其进行完善与优化，最终方可实现民间文献遗产信息安全性的有效提升。在这一过程中，民间文献遗产信息安全的固有认知显然在无形中发生了改变，民间文献遗产保护与管理的效果也必将会随之提升。

第三，突出民间文献遗产保护具有的"特殊性"。我国之所以全面开展民间文献遗产发掘、整理、抢救、修复工作，最主要的原因是其价值体现较为全面，历史影响和时代作用较为突出，也充分说明了文献遗产研究过程中的各个环节都是为了能够将文献遗产加以有效保护作准备。然而，依然有很多文献遗产发掘、整理、抢救、修复工作具有一定的特殊性，能够对未来社会发展发挥推动作用，或者给未来社会发展带来影响。所以，在强化民间文献遗产信息安全性的过程中，必须从其价值、作用、意义方面，突出文献遗产保护所具有的"特殊性"，由此方可不断提高民间文献遗产信息化管理过程中的信息安全性。

（二）逐步完善民间文献遗产信息安全系统

对当前我国民间文献遗产研究的信息化管理现状而言，虽然安全性的主要保障条件来自信息安全系统，但是在系统完善性方面依然有较大的提升空间，也是一项长期工程。在这里，笔者认为制订具体的完善方案应该从以下五方面入手：

第一，关键数据保护方面。在信息安全系统构建过程中，有关机构或部门必须明确最重要的数据由谁掌握、由谁负责，之后再从全局出发进行关键数据的保护。除此之外，在ERP、OA等办公系统中，为了提高关键数据的安全性，有关机构或部门要引进与之相兼容的安全系统产品，以此为其安全性提供重要的保证。

第二,移动安全方面。"抢滩登陆"已经成为当今时代非法获取信息资源的新代名词,其主要针对的是某一领域核心部门的专属小型服务器。从当前我国非物质文化遗产传承、弘扬、发展的大环境来看,全民族、全社会已经认识到民间文献遗产的重要性,其历史价值、文化价值、社会价值更是不言而喻,国家也不断加大对其发掘、保护、管理的力度。正因如此,不法分子对其虎视眈眈,该领域核心部门的专属小型服务器就成为其"抢滩登陆"的主要目标。对此,有关研究人员掌握一套稳健的移动办公方案至关必要,以使移动终端的访问处于安全防范之下。

第三,安全更新方面。对开展民间文献遗产研究工作的有关部门而言,信息系统安全管理工作负责人应结合已经出现过的安全事故的具体类型,以及新开发出的信息安全管理软件,对其安全管理系统进行查缺补漏,并且不断进行系统升级、安全补丁修复,由此全面提升民间文献遗产信息管理系统的安全性。

第四,硬件投资方面。民间文献遗产研究有关机构或部门有效完善信息安全系统的根本目的是避免由信息安全防范不当造成严重损失,所以相关硬件设备的引进必须放在重要的位置,确保民间文献遗产信息安全系统始终处于不断完善和优化的状态。

第五,入侵活动的阻止方面。防火墙是服务器和设备处于频繁访问状态下有效阻止隐性威胁因素的有效措施之一,也能有效监控网络中流入和流出数据量。对此,全面提高民间文献遗产研究机构或部门的防火墙等级,自然成为完善民间文献遗产信息安全系统的又一重要举措,也是民间文献遗产信息化管理方案不可缺少的一部分。

总而言之,在信息化步伐不断加快的今天,在民间文献遗产研究工作中,实现信息化管理的必要保障条件就是信息安全系统的不断完善,由此确保民间文献遗产研究的项目资源和成果始终处于信息安全状态,为民间文献遗产的研究、整理、抢救、保护、管理、推广提供强大的安全保障。

(三)高度重视民间文献遗产信息安全系统的维护工作

信息化管理工作的全面开展过程中,信息泄露无疑是造成信息非法获取现象的主要原因之一,也是信息化管理工作中存在的主要风险之一。民间文献遗产信息化管理需要在高度安全的环境下运行,才能保证民间文献遗产信息收集与成果的推广,以及有关成果的保护效果达到最佳。这就需要在民间文献遗产信息化管理工作中高度重视对信息安全系统的维护工作，为其管理的文献遗产资源提供良好环境。民间文献遗产管理信息安全系统维护工作内容见表7-2。

表7-2 民间文献遗产管理信息安全系统维护工作内容

维护项目	维护流程	维护效果
信息安全策略优化	管理制度的更新目标确认、更新制度的申报与审核等	安全维护的制度更为完善，操作的规范性更高
运行与操作安全改进	加强对用户操作授权的管理，强化对项目重要文件访问的审计等	严把系统登录的门槛，确保具有档案性质的民间文献遗产得到有力保护
系统获取、开发与维护改进	购置安全性更高的系统，加强对云平台的选用与维护措施、开发与支持过程的安全控制及技术脆弱点的管理等	不断提升民间文献遗产信息安全系统的安全等级

通过表7-2关于民间文献遗产信息安全系统维护工作内容的具体介绍，可以看出民间文献遗产信息化管理工作安全性的全面提升必须将信息安全系统维护工作的全面开展放在重要位置。其间，管理制度的更新目标确认、更新制度的申报与审核等维护流程的运行，目的在于使维护工作实现定时开展，维护工作的具体操作更加具有规范性，确保系统中的漏洞被及时发现和修复。加强对用户操作授权的管理，以及强化对项目重要文件访问的审核等工作，能确保具有档案性质的文献资料信息仅限于有访问权限的工作人员调取和使用，提高其保密性。购置先进性更高的系统，加强对云平台的选用与维护措施、开发与支持过程的安全控制及技术脆弱点的管理等工作，强调民间文献遗产信息安全防护等级的不断提升，以使民间文献遗产的保护力度得到进一步提高，这显然也是民间文献遗产信息化管理工作有效开展的重要保障条件。

综上所述，民间文献遗产信息化管理的实现要依托法律大环境，要深刻认识到民间文献遗产信息化管理的历史必然性，还要对信息技术手段进行更新与调整，最终在围绕信息化管理成果进行民间文献遗产的信息化推广，充分体现民间文献遗产信息化管理发展前景的同时，进行相应的措施优化与调整，以确保民间文献遗产信息化管理水平的不断提升。除此之外，还要确保信息安全性的不断增强，为民间文献遗产信息化管理始终处于高质量发展状态增添砝码。

第三节　民间文献遗产信息化管理的实施路径

上节所构建的民间文献遗产信息化管理方案具有较强的实操性，但是如何进行有效实施并达到理想的效果，就成为需要解决的问题。对此，笔者在本节立足其实施路径提出具体的观点，如图7-3所示。

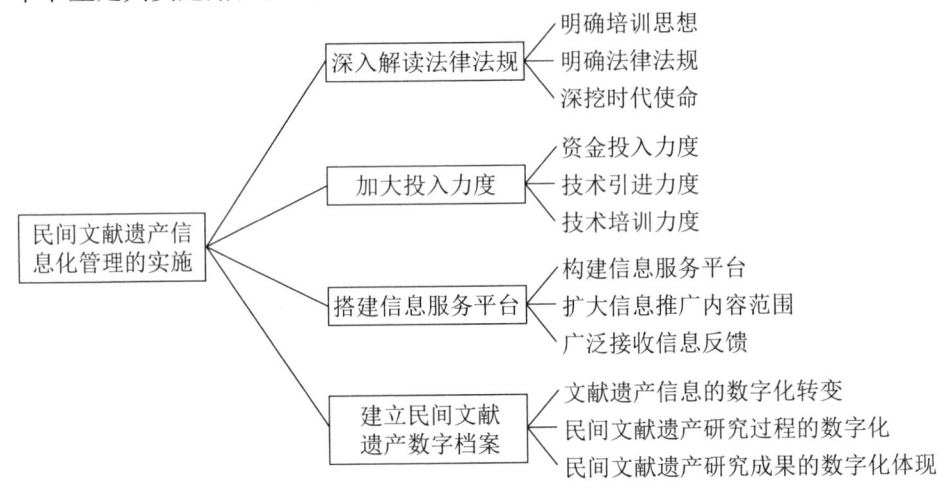

```
                            ┌─ 深入解读法律法规 ─┬─ 明确培训思想
                            │                    ├─ 明确法律法规
                            │                    └─ 深挖时代使命
                            │
                            ├─ 加大投入力度 ─────┬─ 资金投入力度
民间文献遗产信               │                    ├─ 技术引进力度
息化管理的实施 ─────────────┤                    └─ 技术培训力度
                            │
                            ├─ 搭建信息服务平台 ─┬─ 构建信息服务平台
                            │                    ├─ 扩大信息推广内容范围
                            │                    └─ 广泛接收信息反馈
                            │
                            └─ 建立民间文献 ─────┬─ 文献遗产信息的数字化转变
                               遗产数字档案      ├─ 民间文献遗产研究过程的数字化
                                                 └─ 民间文献遗产研究成果的数字化体现
```

图7-3　民间文献遗产信息化管理实施路径

一、各级主管部门积极组织研究人员深入解读相关法律法规

法律法规的制定与出台通常具有向社会发出信号的作用，这些信号既表明要在某一领域加大管理力度，又向社会明确会为其未来发展提供强大的法律保证。当前民间文献遗产研究工作已经迈向信息化管理新台阶，我国有关法律法规已经传递了这样的信号，所以各级有关主管部门要积极组织研究人员对其进行深入解读，从中了解其赋予民间文献遗产信息化管理的时代使命，这无疑是民间文献遗产信息化管理得以有效实施的首要条件。

（一）坚持"引进来"和"走出去"的培训思想

从高质量开展培训工作的基本路径出发，进行专业培训和广泛的观点交流是最为有效的做法，能够确保培训效果趋于理想化。对此，在民间文献遗产信息化管理过程中，要深入解读当前相关的法律法规，不断提高研究人员信息技术水平，就要明确并始终坚定"引进来"和"走出去"的培训思想。

其具体操作包括两个方面：

第一，定期邀请立法与执法部门专业人员到民间文献遗产研究机构，对当前相关法律法规的内涵、作用、意义进行深入讲解。就明确并坚定"引进来"培训思想而言，有关机构要注重与立法与执法部门保持紧密的联系，这样不仅能够了解有关法律法规对民间文献遗产研究与推广方面的具体规范性要求，以及相关责权和约束范围，更能了解信息化管理发展方面的新要求。

第二，定期开展各级有关机构内部交流活动，广泛交流民间文献遗产信息化管理的工作成果。在文化研究领域内部，要定期开展法律法规培训成果交流活动，广泛分享信息化管理的时代发展大方向和实践方法，确保民间文献遗产研究工作者既能深入解读有关法律法规，又能意识到信息化管理的重要性。

（二）明确当前关于民间文献遗产保护与研究的相关法律法规

随着时代的发展，我国大力推进传统文化领域研究工作，不断加大非物质文化遗产研究与保护工作、民间文献遗产研究与保护工作的开展力度，并且始终在为其打造一个理想的法律大环境。其间，各项法律法规的颁布都具有时代意义，也向社会公众和文献遗产研究人员指明了方向。各级主管部门在积极组织研究人员深入解读相关法律法规之前，要明确当前保护与研究的具体法律法规的侧重方向，进而为规范化开展研究与保护工作，以及为信息化管理工作提供法律指导。其中，不仅要明确《中华人民共和国档案法》《中华人民共和国文物保护法》《保护非物质文化遗产公约》《关于保存和获取包括数字遗产在内的文献遗产的建议书》等法律法规，还要明确其他与之相关的法律法规，从而确保民间文献遗产研究工作在高度法制化的环境中得以高效开展，并确保向高度信息化的水平迈进。

（三）深挖当前有关法律法规赋予民间文献遗产信息化管理的时代使命

各级主管部门在通过"引进来"和"走出去"的培训思想积极组织研究人员深入解读相关法律法规的基础上，引导广大研究人员深刻认识法律法规赋予民间文献遗产信息化管理的时代使命。其中，包括在民间文献遗产发掘阶段和整理阶段应进行的信息处理和统计分析工作，在抢救、修复、保护阶段应进行的过程性材料与阶段性成果的整理，在保护与推广阶段应进行的规范化信息安全保护等。这显然是信息时代赋予民间文献遗产信息化管理的新使命，也是民间文献遗产研究工作迈向高质量发展阶段必须完成的艰巨任务。

二、加大投入力度，全力引进并应用先进信息技术

对民间文献遗产信息化管理而言，加大投入力度，引进先进技术可以确保信息化管理水平的不断提升。对此，笔者认为，在当今乃至未来民间文献遗产信息化管理实施过程中，应不断加大投入力度，确保先进技术的全力引进和全面应用，为民间文献遗产信息化管理构建较为理想的运作空间，其具体操作如下。

（一）资金投入力度的不断加大

民间文献遗产信息化管理不仅需要先进的技术作为基本支撑，全面的培训作为发展动力，更需要资金作为保障。对此，各级有关主管部门在全面推进民间文献遗产信息化管理发展的进程中，应将不断加大资金投入力度放在重要位置，并且保证专项资金专项管理，真正做到专款专用，进而让先进技术的应用和全方位的培训活动始终伴随信息化管理水平的提升过程。

（二）先进信息技术引进力度的加大

从当前我国信息技术发展水平来说，大数据技术、云计算技术、资源管理软件已经在我国各行各业各个领域实现了广泛的应用，并且技术升级换代的步伐正在不断加快，对各个领域有效进行资源管理，提高核心竞争力起到了推动作用。为此，民间文献遗产信息化管理实施路径必须将先进信息技术引进放在重要位置，将大数据技术、云计算技术、资源管理软件配置到位，并且在规定的时间内委派技术人员进行技术升级与换代，在实现民间文献遗产研究全过程资源管理工作的便捷性的同时，保证民间文献遗产研究各个阶段信息管理的科学化、精准化、规范化，做到信息资源的高效利用，充分体现信息化管理的社会意义与时代意义。

（三）技术培训力度的最大化

信息化管理工作的实质是将实践活动的过程转化成数据信息，然后用最科学、最有效的方式进行协同管理，确保信息资源能够最大限度地发挥出效用。其间，信息技术实践操作能力显然是至关重要的一环，不断加大其培训力度是实现信息化管理的必要条件。民间文献遗产信息化管理工作的全面展开，不仅要有资金和技术层面的支持，更要有技术培训方面的推动。为此，

有关部门定期组织大数据技术、云计算技术、管理软件应用技术的全面培训是关键，也是民间文献遗产信息化管理迈向新阶段的强大推动力。

三、搭建信息服务平台，加快研究过程与研究成果的社会推广

搭建信息服务平台是推动民间文献遗产研究过程和研究成果向全社会推广的有力途径之一，更是全面提高民间文献遗产信息化管理水平的有利条件。其原因主要表现在信息服务平台的搭建以及研究过程与研究成果的社会推广需要信息化管理在不同阶段发挥不同的作用。

（一）构建民间文献遗产信息服务平台

民间文献遗产的社会推广离不开网络信息平台，其原因在于后者是确保前者实现效果最佳化的有利载体。特别是在互联网科技飞速发展的今天，构造信息服务平台并突出其服务功能就成为民间文献遗产社会推广的必然之选。其间具体操作应该包括两个方面：

第一，创建链接并设置信息服务模块。从信息服务平台构建的一般路径出发，创建链接并全面而又合理地设置服务模块是两个最基本的环节，也是信息服务平台架构初步形成的重要标志，更是向全社会推送服务信息的基本前提条件。民间文献遗产信息服务平台的构建必须将其放在首位，确保信息化管理全过程的社会推广作用能够得以充分展现。

第二，通过信息管理系统实时上传服务信息。众所周知，信息服务平台实时更新信息数据必须有一套完备的技术手段作为支撑，大数据技术自然必不可少。因此，在民间文献遗产信息服务平台的构建中，要发挥民间文献遗产信息化管理大数据技术的支撑作用，确保服务信息能够实时上传到信息服务平台，确保其数据能够得到实时更新。

（二）扩大民间文献遗产研究过程与成果推广的信息范围

民间文献遗产信息服务平台向全社会推送的民间文献遗产研究过程与研究成果的信息范围要不断扩大，增强全社会深入了解民间文献遗产的主动性，并全面满足其需求。民间文献遗产研究过程的信息推送应包括民间文献遗产研究过程性材料，涉及在文献遗产发掘方面社会提供了哪些有价值的资源、信息、线索，研究过程采取了哪些手段，抢救与保护过程中应用了哪些新技术，在当今社会发展中有着怎样的价值等。民间文献遗产研究成果的信息推送包括阶段性研究成果和最终的研究成果，研究成果的体现形式既可以

是图片或文字信息，也可以是视频短片或音频材料。为了让全社会能够以最直接的方式接触到民间文献遗产研究过程，体会研究成果本身的社会意义与价值，信息化管理发挥着信息分类、归纳、整理、推送等至关重要的作用，使民间文献遗产信息化管理效果在社会层面得到充分体现。

（三）广泛接收全社会对民间文献遗产研究与保护的信息反馈

民间文献遗产研究过程与研究成果社会推广的目的在于两方面：一是引起全社会的高度关注。二是不断接收来自全社会的意见与建议，以确保民间文献遗产研究各项工作的有效改进，其中自然包括信息化管理方面。因此，这就要求在民间文献遗产研究过程与研究成果信息化推广过程中，注重通过信息服务平台，接收来自全社会的信息反馈。其间，信息化管理过程要进行数据的收集、整理、统计与分析，最终挖掘出民间文献遗产研究工作全过程中存在的可更新、可调整之处，其中也包括信息化管理措施的优化方向，进而确保民间文献遗产研究从发掘至推广的全过程始终处于优质高效的状态。

四、建立民间文献遗产数字档案

笔者在前文中已经阐述，在民间文献遗产数字化管理工作中，安全性是必须重点思考的问题。要提高安全性就要对民间文献遗产所有信息的性质进行重新界定，而具有档案性质的文献信息显然在信息化管理中安全级别较高，因此建立民间文献遗产数字档案是民间文献遗产信息化管理工作的新重点，其具体实施流程主要包括以下三方面。

（一）文献遗产信息的数字化转变

众所周知，信息化管理工作的全面开展需经历系统化的过程，其具体体现就是一切信息都要通过先进的技术手段转化为数据，进而提高信息存储、共享、使用管理效率。民间文献遗产信息化管理在全面提升研究过程与研究成果安全性的过程中，需要进行数字化建档，方可确保信息在存储、共享、使用中的安全性，以及在管理过程中的高效性。大数据技术、云计算技术显然能够将其转化为现实。其具体操作是在文献遗产资源、信息、线索的捕捉过程中，对其信息类型和数量按照属性与特征进行有效分类，以及全面的统计与分析，最终将其转化为具体的数据。这样有利于研究人员明确具体的研究项目，并建立相应的数字档案，在研究过程中随时进行数据挖掘和补充，以此提高民间文献遗产相关信息的安全等级。

（二）民间文献遗产研究过程的数字化

民间文献遗产研究工作的全过程中，发掘工作的资源、信息、线索在获取阶段显然还未能进行数字化转变，但是在预处理和存储阶段就已经进行了数字化转变，作用主体是大数据技术和云计算技术。该阶段使研究人员不仅能够结合数据统计的结果进行客观的数据分析，从中找出资源、信息、线索中存在的薄弱之处，从而进行数据的深入挖掘，还能将其补充到文献遗产研究项目的数字档案之中，成为项目确立的重要依据。另外，在文献遗产抢救、修复、保护阶段，抢救方法、修复手段和依据以及技术应用所产生的信息也要进行数字化处理，确保其能够顺利上传至数字档案，提高民间文献遗产抢救、修复、保护阶段信息的安全性，并且为后续工作的全面开展带来便捷。

（三）民间文献遗产研究成果的数字化体现

民间文献遗产研究成果是对民间文献遗产有效进行还原和保护，让其历史价值、文化价值、社会价值充分发挥的具体体现。所以保证研究成果的安全性是民间文献遗产管理工作中不可缺少的一项，而这显然也为其信息化管理提出了较高的要求，其中研究成果的数字化转变必须成为重点关注的对象，包括文字信息的数字化处理、图片信息的数字化处理、视频与音频信息的数字化处理，在使民间文献遗产管理工作迈向信息化的同时，提高了研究成果的安全性。

附 录

附录一：民间文献遗产研究过程阶段性评价量表

被评民间文献遗产研究机构名称：

评价时间：

评价内容	评价质量		
	好	一般	差
民间文献遗产挖掘工作的系统性评价			
民间文献遗产抢救与修复的科学性评价			
民间文献遗产保护与推广的阶段性评价			
意见与建议			

说明：

1. 请在每一行的"好""一般""差"对应格中打"√"。
2. 本评价量表由被评价机构向社会发放，并做回收统计。

附录二：民间文献遗产研究过程与成果社会评价量表

被评民间文献遗产研究机构名称：

评价时间：

评价内容	评价质量		
	好	一般	差
民间文献遗产社会推广方式评价			
民间文献遗产研究过程社会推广的满意度评价			
民间文献遗产研究成果社会推广的满意度评价			
意见与建议			

说明：

1. 请在每一行的"好""一般""差"对应格中打"√"。
2. 本评价量表由被评价机构向社会发放，并做回收统计。

参考文献

[1] 国家档案局. 中国档案文献遗产名录：第3辑 [M]. 北京：中国档案出版社，2010：20-25.

[2] 张思. 侯家营：一个华北村庄的现代历程 [M]. 天津：天津古籍出版社，2010：2.

[3] 邓群刚. 底层农民视阈下的国家与村庄——《贾增文日记》所见 [J]. 石家庄学院学报，2010（5）：40-45.

[4] 张乐天. 告别理想：人民公社制度研究 [M]. 上海：上海人民出版社，2005：11.

[5] 华东师范大学中国当代史研究中心. 河北省冀县门庄公社门庄大队档案 [M]. 上海：东方出版中心，2009：15.

[6] 乔福锦. 挖掘民间文献的多重价值 [N]. 人民日报，2009-07-17.

[7] 乔福锦. 一宗特殊的档案文献——父亲的《工作笔记》[C]. 民间文献与华北社会史学术研讨会论文集. 天津：南开大学中国社会史研究中心，2008.

[8] 李善靖，张玮. 在野之谈：太行山田野作业的经验与方法——基于山西大学民间文献整理与研究中心系列调查的探讨 [J]. 地方文化研究，2020，8（6）：16-32.

[9] 郑振满. 民间历史文献与经史传统 [J]. 开放时代，2021（1）：67-70.

[10] 陈敬胜. 湘桂边区多民族互嵌与文化交融研究——基于伍堡瑶民间文献的考察 [J]. 民族论坛，2020（4）：28-35.

[11] 陈林圣，田野. 浙江台州民间演剧活动管窥——基于民间文献的考察 [J]. 戏曲艺术，2021，42（1）：62-64，80.

[12] 刘萍. "史料革命"：近十年来的史料学研究及反思 [J]. 北方论丛，2021（5）：43-53.

[13] 王振忠. 徽州社会文化史探微：新发现的16—20世纪民间档案文书研究 [M]. 上海：上海社会科学院出版社，2002.

[14] 陈春阳. 妈祖民间文献史料的搜集与整理——以莆田学院妈祖民间文献史料搜集与整理为例 [J]. 莆田学院学报，2021，28（4）：11-17.

[15] 杨军昌，苏梓睿. 布依族民间文献中的生态意蕴及其价值 [J]. 贵州工程应用技术学院学报，2021，39（5）：103-110.

[16] 董丛林. 民间文献、地方文献的界定与利用 [J]. 河北学刊，2018，38（4）：63-67.

[17] 陈支平，赵庆华. 中国历史与文化研究中民间文献使用问题反思 [J]. 云南师范大学学报（哲学社会科学版），2018，50（4）：134-139.

[18] 李斌，胡廷夺. 贵州苗侗地区汉文民间文献整理的新成果——《贵州清水江文书·黎平文书》前言 [J]. 原生态民族文化学刊，2018，10（2）：66-70.

[19] 王蕾，申斌. 徽州民间历史文献整理方法研究——以中山大学图书馆馆藏为例 [J]. 图书馆论坛，2014，34（4）：120-126.

[20] 乔福锦. 民间社会历史文献与现当代史学撰述 [J]. 河北学刊，2014，34（2）：1-5.

[21] 杨培娜，申斌. 走向民间历史文献学——20世纪民间文献搜集整理方法的演进历程 [J]. 中山大学学报（社会科学版），2014，54（5）：71-80.

[22] 张智钰. 整体史视野下的民间历史文献研究——第十届民间历史文献研究论坛会议综述 [J]. 凯里学院学报，2019，37（5）：86-91.

[23] 雷文彪. 民族记忆与文化表征——基于广西大瑶山瑶族民间文献《评皇券牒》的记忆表征研究 [J]. 青海民族研究，2020，31（2）：218-222.

[24] 程焕文. 中山大学的民间历史文献与现代中国学术传统 [J]. 图书馆论坛，2020，40（7）：116-133.

[25] 王蕾，叶湄，吴国良，等. 从故纸到文献——刘志伟教授谈图书馆民间历史文献整理与研究 [J]. 图书馆论坛，2020，40（7）：134-141.

[26] 张士闪. 民间文献与地方社会的历史构成——以清代胶东地区"双山马家"族谱编撰为例 [J]. 华中师范大学学报（人文社会科学版），2020，59（5）：147-156.

[27] 崔超. 大数据技术背景下民间文献的精准研判路径 [J]. 兰台世界，2020（11）：76-78，82.

[28] 唐凌. 民间历史文献在地方志编写中的开发利用——以商业会馆资料为例 [J]. 广西地方志，2015（5）：45-52.

[29] 吴才茂. 民间文献学的理论与实践——清水江文书（锦屏文书）与地方社会学术研讨会会议综述 [J]. 原生态民族文化学刊，2016，8（1）：47-54.

[30] 叶涛. 民间文献与民间传说的本地化研究——以沂源牛郎织女传说为中心的探讨 [J]. 民族艺术，2016（4）：108-113.

[31] 程梦稷，叶涛. 在地化的"非遗"话语——《民间文献与民间传说的在地化研

究》问答、评议与讨论[J].民族艺术,2016(4):114-118.

[32] 董传岭.民间文献在中国近现代史教学中的价值与运用[J].菏泽学院学报,2018,40(6):96-99.

[33] 王子舟,邱璐,张晓芳,等.耕种乡土文化的民间文献专家——樊氏图书馆田野调查手记[J].山东图书馆学刊,2018(6):115-120.

[34] 廖新雨.对客家民间文献资源建设的思考[J].黄河科技大学学报,2014,16(6):29-32.

[35] 常建华."民间文献与华北社会史"学术研讨会综述[J].中国史研究动态,2009(5):21-23.

[36] 张传勇.从民间文献解读历史——"民间文献与华北社会史"学术研讨会综述[J].天津社会科学,2009(3):143-144.

[37] 卞利.区域社会史和民间文献研究的一次学术盛会——"地域中国:民间文献的社会史解读"国际学术讨论会暨第十一届中国社会史学会年会综述[C].民间文献与地域中国研究,2006.

[38] 张启龙.民间文献所见清初珠江口地方社会——"桂洲事件"的再讨论[J].海洋史研究,2021(2):213-234.

[39] 张小也.地方志与地方史的建构——以清代《江夏县志》与民间文献《灵泉志》的对比为中心[J].清史研究,2012(3):126-135.

[40] 范瑞凰.民间文献与西南民族史研究[J].怀化学院学报,2008,27(12):1-3.

[41] 刘进.媲美徽州文书的跨国民间文献——五邑银信[J].五邑大学学报(社会科学版),2010,12(1):7-10.

[42] 葛仁考.乡村文献整理与民间社会重建——乔福锦教授访谈录[J].图书情报知识,2013(2):13-19.

[43] 吴苏民,胡展耀.混农林契约文书研究的拓荒者——记贵州民族民间文献遗产保护研究专家杨有赓[J].中国民族,2011(11):40-43.

[44] 庄瑞银.我国水下文化遗产保护立法的回顾与前瞻[J].法治论坛,2021(2):127-142.

[45] 高丙中.非物质文化遗产保护实践的中国属性[J].非遗传承研究,2021(2):16-20.

[46] 怀念.文化馆与民间文化艺术保护传承[J].中国文化馆,2021(1):54-60.

[47] 曹帅强,邓运员.非物质文化遗产景观基因的挖掘及其意象特征——以湖南省为例[J].经济地理,2014,34(11):185-192.

[48] 孙传明.民俗舞蹈类非物质文化遗产数字化技术研究[D].武汉:华中师范大学,

2013.

[49]赵东.数字化生存下的历史文化资源保护与开发研究[D].济南：山东大学，2014.

[50]王云庆.山东非物质文化遗产项目及传承人立档保护研究[D].济南：山东大学，2017.

[51]秦枫.非物质文化遗产数字化生存与发展研究[D].合肥：中国科学技术大学，2017.

[52]邱悦.江苏非物质文化遗产研学旅行产品开发研究[D].南京：东南大学，2017.